Für alle, die ...

- viele Unverträglichkeiten haben und abwechslungsreich essen möchten,
- sich nach Low Carb ernähren möchten (87 Rezepte sind Low Carb),
- eine Darmpilzdiät machen und nach passenden Rezepten suchen,
- sich nach Paleo ernähren möchten (91 Rezepte sind Paleo),
- sich zuckerfrei und gesund ernähren möchten.

♥

Die Deutsche Nationalbibliothek verzeichnet diese Publikation in der Deutschen Nationalbibliografie; detaillierte bibliografische Daten sind im Internet über www.dnb.de abrufbar.

Alles-ohne-Kochbuch: Verträgliche Rezepte für alle mit Unverträglichkeiten (Darmfreundlich kochen: Paleo, Low Carb, Candida, glutenfrei, zuckerfrei, laktosefrei – alles in einem Kochbuch) von Lisa Schubert

Studienscheiss UG (haftungsbeschränkt)
Rathausstr. 24 B, 52072 Aachen
kontakt@studienscheiss.de
Geschäftsführer: Dr. Tim Reichel, M.Sc.
Registergericht: Amtsgericht Aachen
Registernummer: HRB 19105
USt-IdNr.: DE295455486

Erste Auflage, Dezember 2020

ISBN: 978-3-946943-78-5 Print (Softcover)
ISBN: 978-3-946943-97-6 E-Book (PDF)
ISBN: 978-3-946943-79-2 E-Book (EPUB)
ISBN: 978-3-946943-98-3 E-Book (MOBI)

Lektorat: Sara Dörwald, Steinhagen
Korrektorat: Hannah Dautzenberg, Aachen
Umschlaggestaltung, Layout und Satz: Tim Reichel, Aachen
Umschlagmotiv: Kakapo / stock.adobe.com
Grafiken: Артём Ковязин / stock.adobe.com
Foto: Lisa Schubert, Schwalmtal
Herstellung: Amazon oder eine Tochtergesellschaft
Printed in Germany

Alles-*ohne*-Kochbuch

Verträgliche Rezepte für alle

mit Unverträglichkeiten

Lisa Schubert

veggie +

Inhaltsverzeichnis

Vorwort 9
Mein Weg zur Alles-ohne-Ernährung 10
Wichtige Informationen zum Kochbuch 12

Ernährungswissen 15
Low Carb: Wieso Low Carb? 16
Paleo: Wieso Paleo? 18
Darmpilzdiät: Wieso Darmpilzdiät? 20
Darmfreundliche Ernährung: Die 10 wichtigsten Grundregeln 22
Die umstrittensten Lebensmittel 23
Lebensmittelübersicht Kochbuch 25
Lebensmittelalternativen 32

Frühstück & Backwaren 35
Mandelbrot 36
Mandel-Leinsamen-Brötchen 37
Mandel-Körnerbrot 38
Haselnuss-Körnerbrot 39
Leinsamenbrot 40
Beerenmarmelade 41
Süßkartoffel-Bowl mit Beeren 42
Nuss-Nougat-Creme 43
Waffeln mit Erdbeersoße 44
Gebratener Zimt-Apfel mit Joghurt 45
Apfel-Möhren-Muffins 46
Rührei mit Tomaten 47
Kokos-Knuspermüsli 48
Granola 49
Haferbrei mit Apfel und Zimt 50
Zimtflakes 51
Schoko-Nuss-Müsli 52
Samen-Nuss-Porridge 53
Apfel-Kokos-Porridge 54
Samen-Kokos-Porridge 55
Schokoporridge mit Schokocreme 56

Carob-Chai-Porridge 57
Buchweizen-Porridge 58
Pancakes mit Schokocreme 59
Buchweizen-Heidelbeer-Pfannekuchen 60
Kastanien-Apfelpfannekuchen 61
Müsli-Frühstückskekse 62
Süßkartoffel-Toast 63

Warme Gerichte 65

Gemüsepuffer 66
Zoodles mit Walnuss-Pesto 67
Zoodles mit Tomate-Mozzarella 68
Zoodles mit Lachs und Spinat 69
Zoodles mit Bolognese 70
Risotto mit Möhren und Tomaten 71
XL-Burger 72
Gemüse-Hack-Pfanne mit Rucola 74
Gefüllte Paprika 75
Thai Curry mit Konjakreis 76
Bunte Gemüsepfanne 78
Gefüllte Kohlrabi 79
Chicken Nuggets mit Ketchup 80
Sesamhähnchen mit Möhrennudeln 82
Hähnchen und Gemüse aus dem Ofen 83
Zucchinibällchen mit Konjakreis 84
Gemüse-Zoodles-Quiche 86
Quiche mit Lachs und Spinat 87
Zucchini-Lasagne 88
Spargel mit Lachs 90
Gemüsecurry mit Lachs 91
Ofengemüse mit Hähnchenbrust 92
Zucchini-Möhren-Suppe mit Hack 93
Gemüsebällchen 94
Gyrosteller 96
Blumenkohlpüree mit Fleischbällchen 97
Pizzasuppe 98
Möhren-Kartoffel-Eintopf 100
Hühner-Gemüse-Suppe 101
Dönertasche 102

Gurken-Lachs-Pfanne ... 104
Knochenbrühe ... 105
Blumenkohl-Pizza ... 106
Bunte Hähnchenspieße ... 108
Ofen-Kartoffelecken ... 109
Blumenkohlfalafel mit Sesammöhren ... 110
Gemüse-Kartoffel-Gratin ... 112
Kartoffel-Puffer mit Apfelmus ... 113
Wirsing-Lasagne ... 114
Puten-Gemüse-Pfanne ... 116
Süßkartoffel-Hack-Auflauf mit Feta ... 117
Gulasch mit Möhren ... 118
Spitzkohl-Hack-Pfanne ... 119

Salate, Snacks & kalte Speisen ... 121

Gemüsesticks mit Hummus ... 122
Gazpacho ... 123
Gemüsefrikadellen mit Möhrensalat ... 124
Rotkrautsalat ... 126
Grüner Salat mit Walnüssen ... 127
Feldsalat mit Hähnchen ... 128
Feldsalat mit gebratenem Gemüse ... 129
Brokkolisalat ... 130
Quinoasalat mit Brokkoli und Feta ... 131
Gemüsewaffeln ... 132
Reissalat mit Hähnchencurry ... 133
Samen-Knäckebrot ... 134
Kartoffelcracker ... 135

Soßen & Dips ... 137

Tomatenketchup ... 138
Vinaigrette ... 139
Falsches Joghurtdressing ... 140
Blumenkohl-Hummus ... 141
Spinat-Walnuss-Pesto ... 142
Basilikum-Pesto ... 143
Zucchini-Pesto ... 144
Möhren-Pesto ... 145

Süßes & Desserts 147
Erdmandel-Cookie-Dough 148
Schokoladenmousse 149
Kokos-Bällchen 150
Schoko-Kokos-Bällchen 151
Apfelkuchen 152
Schoko-Nuss-Crossies 153
Zitronenkuchen 154
Beerensorbet 156
Beerenjoghurt 157
Heidelbeerkuchen 158
Süßkartoffel-Brownies 160
Apfel-Crumble mit Vanillesoße 162
Blumenkohl-Milchreis 164
Kokos-Riegel mit Schokoladenhülle 165
XL-Cookies 166
Gebrannte Mandeln 168
Spekulatius-Keksteig-Creme 169
Mandel-Butter-Cups 170
Kokos-Schoko-Pudding 172
Heiße Schokolade 173
Goldene Milch 174

Nachwort 177
Infos zum Buch 178
Über die Autorin 179
Dankeschön 180

Vorwort

Mein Weg zur Alles-ohne-Ernährung

Hallo, ich bin Lisa. Seit einigen Jahren habe ich mit Nahrungsunverträglichkeiten und Magen-Darm-Problemen zu tun. Um diese Probleme zu lösen, habe ich viel ausprobiert und viele Stunden damit verbracht, mich über verschiedene Ernährungs- und Therapieformen zu informieren. Eines weiß ich sicher: Die Ernährung spielt beim Thema Darmgesundheit eine essenzielle Rolle! Viele meiner Beschwerden konnte ich mit der Ernährungsumstellung komplett beseitigen oder zumindest stark lindern.

Eines der größten Hindernisse beim Thema „gesunde Ernährung" war für mich die Fülle an verbotenen Lebensmitteln. Der empfohlene Verzicht auf Gluten und Getreide im Allgemeinen, Zucker, Milchprodukte sowie auf verarbeitete und kohlenhydratreiche Lebensmittel war eine große Herausforderung für mich – einmal ALLES OHNE bitte, dachte ich mir. Sollte ich mich jetzt nur noch von Gemüse ernähren?

Da ich für meine individuellen Bedürfnisse nicht DAS EINE Kochbuch finden konnte, habe ich schließlich angefangen, eigene Rezepte zu entwickeln. Ich habe neue Gerichte ausprobiert, Bekanntes abgewandelt und daraus letztendlich ein eigenes Kochbuch erstellt: das Alles-ohne-Kochbuch. Ein Kochbuch, das meinen Bedürfnissen gerecht wird und auch anderen Menschen mit ähnlichen Problemen dabei helfen kann, sich trotz der Einschränkungen abwechslungsreich zu ernähren. Bei so viel Verzicht musste ich wieder Platz für Genuss schaffen. Sogar für die klassischen „Fast-Food-Gerichte" wie Burger, Döner und Pizza habe ich Alternativen gefunden – insgesamt über 100 leckere Rezepte mit Variationen.

Gesunde Ernährung heißt meistens auch, viel selbst zu kochen und zu backen, da die meisten Fertigprodukte sehr viel Zucker, Geschmacksverstärker, Konservierungsstoffe oder ähnliches enthalten. Da einem im Alltag oft die Zeit fehlt, besonders komplizierte oder aufwendige Rezepte zuzubereiten, sind die meisten Gerichte aus diesem Buch einfach nachzumachen – und ganz wichtig: schnell zubereitet.

Bevor wir zu den konkreten Rezepten kommen, stelle ich die verschiedenen Ernährungsformen vor, die die Grundlage für dieses Kochbuch bilden (Low Carb, Paleo, Darmpilzdiät). Wenn du dich näher mit dem Thema „gesunde Ernährung" beschäftigst, wirst du schnell feststellen, dass es sehr viele kontroverse Meinungen zu bestimmten Lebensmittelgruppen gibt. Allerdings sind in den verschiedenen Ernährungsformen auch viele Gemeinsamkeiten erkennbar, aus denen sich bestimmte Grundregeln für eine gesunde Ernährung ableiten lassen.

Jede Ernährungsform hat ihre Vor- und Nachteile, die ich ebenfalls beleuchten werde. Der große Nachteil, eine der Ernährungsformen auf lange Zeit strikt zu befolgen, ist aus meiner Sicht die daraus resultierende Einseitigkeit der Ernährung. In diesem Kochbuch habe ich die Ernährungsformen deshalb so miteinander kombiniert, dass trotz des Verzichts auf bestimmte Lebensmittelgruppen eine möglichst abwechslungsreiche und ausgewogene Ernährung gewährleistet werden kann.

Wichtige Informationen zum Kochbuch

Vorab noch ein wichtiger Hinweis: Dieses Kochbuch habe ich mit großer Sorgfalt und noch größerer Leidenschaft geschrieben. Dennoch ist es kein wissenschaftlicher Ernährungsratgeber. Es kann einen Besuch bei einem Ernährungsberater oder einem Facharzt nicht ersetzen. Zudem solltest du prüfen, ob alle Zutaten aus den Rezepten für dich infrage kommen. Möglicherweise liegen Unverträglichkeiten und Allergien auf bestimmte Lebensmittel vor. All das konnte ich in meiner Zusammenstellung nicht berücksichtigen.

Nahrungsmittelunverträglichkeiten und Allergien

Alle Rezepte dieses Kochbuches sind glutenfrei, laktosefrei und zuckerfrei. Zuckerfrei bedeutet, dass kein Industriezucker oder künstliche Süßstoffe verwendet werden. Auch, wenn dieses Kochbuch auf eine gesunde und natürliche Ernährung ausgelegt ist, bedeutet dies nicht, dass jedes Lebensmittel automatisch auch gut für jeden ist. Individuelle Unverträglichkeiten und Allergien müssen berücksichtigt werden.

Süßungsmitteln in diesem Kochbuch

Als Süßungsmittel werden in den Rezepten Honig, Kokosblütenzucker oder Vanille verwendet. Honig ist nicht nur „paleo-konform“, sondern kann auch als Manukahonig (MGO 400+) bei der Darmpilzdiät verwendet werden. Möchte man ein Rezept besonders Low Carb gestalten, kann man Xylit, Erythrit und/oder Stevia als Alternative ausprobieren. Diese sind in ihrer Verträglichkeit umstritten – ich persönlich vertrage eine Mischung aus Erythrit und Stevia am besten (in kleinen Mengen). Wichtig ist auch, dass alle Zutaten, die in diesem Kochbuch verwendet werden, keinen zugesetzten Zucker enthalten. Es sollte somit auch beim Kauf der Zutaten darauf geachtet werden, die ungesüßte Variante zu wählen. Dies gilt zum Beispiel für Pflanzenmilch (Mandelmilch/Kokosmilch), Nussmus, Kakaopulver und Kakaonips.

Low Carb- und Paleo-Rezepte sind gekennzeichnet

Wenn du eine bestimmte Ernährungsform wie z.B die Low Carb-Ernährung strikt einhalten möchtest, dann orientiere dich am besten an den jeweiligen Lebensmitteltabellen – insbesondere die verschiedenen Süßungsmittel sollten dabei beachtet werden (S. 16-20). Grundsätzlich sind die Low Carb- und Paleo-Rezepte in diesem Kochbuch alle extra als solche gekennzeichnet. Bei den Low Carb-Rezepten sollte zusätzlich folgendes beachtet werden: Low Carb heißt nicht No Carb. Low Carb heißt zunächst einmal kohlenhydratarm oder -reduziert. Alle Rezepte sind im Vergleich zu ihrer „klassischen" Variante stark kohlenhydratreduziert, ein paar enthalten jedoch etwas Honig als Süßungsmittel. Und auch Obst oder Gemüse enthält Fruchtzucker und damit Kohlenhydrate, selbst die sehr proteinreichen Nüsse haben immer auch einen – wenn auch geringen – Kohlenhydratanteil. Ganz ohne Kohlenhydrate geht es eben nicht und das sollte auch nicht der Anspruch sein.

Fotos von den Rezepten und Bonusmaterial

Dieses Kochbuch wurde modern und minimalistisch gestaltet – nach dem Motto: „alles ohne". Darum haben wir auch auf Fotos und bunte Bildchen verzichtet. Trotzdem hast du die Möglichkeit, dir von allen Rezepten aus diesem Kochbuch ein Bild zu machen, denn ich habe jedes Rezept nachgekocht und fotografiert. Zusätzlich zu diesem Buch erhältst du einen Bonus-Bildband von mir, in dem alle Rezepte abgebildet sind. Wenn du die folgende Website aufrufst, erfährst du, wie du an das Bonus-PDF kommst:

www.studienscheiss.de/bonus-alles-ohne-kochbuch

Du gelangst dort auf die Website meines Verlags und kannst dich für den entsprechenden Verteiler anmelden – natürlich kostenlos. So, nun geht's aber ans Eingemachte. Ich wünsche dir viel Spaß beim Nachkochen und einen guten Appetit!

Lisa Schubert

Hol dir hier dein Bonusmaterial mit den Fotos ab:

www.studienscheiss.de/bonus-alles-ohne-kochbuch

Ernährungswissen

Low Carb: Wieso Low Carb?

Was ist Low Carb?

Bei der Low-Carb-Ernährung verzichtet man, wie der Name schon sagt, weitestgehend auf kohlenhydratreiche Lebensmittel.

Wieso Low Carb?

Die meisten von uns ernähren sich heutzutage sehr kohlenhydratlastig: Zum Frühstück gibt es Brötchen, mittags Nudeln und abends nochmal eine Brotzeit. Grundsätzlich sind Kohlenhydrate auch nicht schlecht für uns, immerhin sind sie wichtige Energielieferanten. Jedoch handelt es sich bei den meisten Lebensmitteln, die wir heutzutage konsumieren, um stark industriell verarbeitete Lebensmittel mit zugesetztem Zucker. Verzehren wir diese in zu großen Mengen, ist es möglich, dass sich dies negativ auf unsere Gesundheit auswirkt.

Hinzu kommt, dass die Haupt-Kohlenhydratquellen der westlichen Ernährung Getreide- und Weißmehlprodukte sind, die viele Antinährstoffe und wenig gute Nährstoffe enthalten. Darüber hinaus können neben dem in den meisten Getreidesorten enthaltenden Gluten bestimmte Kohlenhydratverbindungen, die sogenannten FODMAPs, verschiedene Magen-Darm-Beschwerden verursachen.

Was sind die Vor- und Nachteile der Low Carb-Ernährung?

Der größte Vorteil an der Low Carb-Ernährung ist, dass Getreideprodukte und zuckerhaltige Lebensmittel gemieden werden. Nachteilig finde ich den meist hohen Konsum an Milchprodukten. Meiner Meinung nach ist alles, was man zu viel konsumiert, eher problematisch für unsere Gesundheit und es ist sehr wichtig, sich vor allem ausgewogen zu ernähren, um unserem Körper alle wichtigen Nährstoffe zuzuführen.

Welche Lebensmittel sind Bestandteil der Low Carb-Ernährung? Welche nicht?

Erlaubte Lebensmittel	Verbotene Lebensmittel
Brot und Mehl aus kohlenhydratarmen Produkten wie Mandelmehl, Leinsamenmehl, Kokosmehl	**Brot und Mehl** aus Getreide oder Pseudogetreide wie Weizenmehl, Roggenmehl, Dinkelmehl, Buchweizenmehl, Maismehl, Haferflocken
Nudeln und Reis Low Carb Nudel- und Reisalternativen wie Konjakreis oder Konjaknudeln	**Nudeln und Reis** Weizennudeln, Vollkornnudeln, Maisnudeln, Reis, Quinoa Couscous
Gemüse stärkearmes Gemüse wie grünes Blattgemüse, Tomaten, Paprika, Zucchini, Kohl, Spargel, Pilze	**Gemüse** stärkehaltige Gemüse wie Kartoffeln, Süßkartoffeln, Kochbananen, Pastinaken, Hülsenfrüchte
Milchprodukte naturbelassene Produkte wie Sahne, Butter, Naturjoghurt, Quark, Käse	**Milchprodukte** verarbeitete und gesüßte Produkte wie Fruchtjoghurt, Eis, gesüßte Schlagsahne
Obst fruktoseärmeres Obst wie Beeren, Aprikosen, Äpfel, Avocado, Sauerkirschen, Zitrone, Wassermelone	**Obst** fruktosereiches Obst wie Bananen, Datteln, Feigen und generell getrocknete Früchte
Nüsse, Samen und Kerne Mandeln, Walnüsse, Paranüsse, Haselnüsse und Samen, wie Leinsamen, Chiasamen, Flohsamen	**Nüsse, Samen und Kerne** kohlenhydratreiche Nüsse wie Cashews oder Pistazien, gezuckerte Nüsse
Fleisch, Fisch und Eier Fleisch, Fisch und Wurst ohne Zuckerzusätze und Panade, Eier	**Fleisch, Fisch und Eier** Fleisch, Fisch und Wurst mit Zuckerzusätzen oder Panade
Süßungsmittel Xylit, Erythrit, Stevia	**Süßungsmittel** alle anderen Süßungsmittel

Paleo: Wieso Paleo?

Was ist Paleo?

Die Paleo-Diät orientiert sich an der vermutlich ursprünglichen Ernährung der Menschen in der Steinzeit (Paläolithikum = Altsteinzeit). Die Grundlage dieser Ernährung bilden demnach Lebensmittel, die in ähnlicher Form bereits vor etwa 2,5 Millionen Jahren für die damaligen Jäger und Sammler verfügbar gewesen sein könnten.

Wieso Paleo?

Das Gesunde an der Paleo-Ernährungsform ist sicherlich, dass man möglichst naturbelassene, unverarbeitete Lebensmittel konsumiert. Die Hauptbestandteile dieser Ernährung sind Gemüse, Obst, Fleisch und Fisch sowie Nüsse und Samen.

Grundsätzlich ist die Paleo-Ernährung somit ein Weg, sich möglichst natürlich und nährstoffreich zu ernähren. Viele, die diese Ernährungsform ausprobiert haben, berichten von einer Verbesserung des allgemeinen Wohlbefindens. Vor allem auf die Darmgesundheit und unser Mikrobiom soll sich die Paleo-Ernährung positiv auswirken. Das klingt auch erst einmal ganz plausibel, schließlich werden Lebensmittel weggelassen, deren Überkonsum uns bewiesenermaßen dauerhaft schaden kann (z.B. Industriezucker).

Was sind die Vor- und Nachteile der Paleo-Ernährung ?

Der größte Vorteil der Paleo-Ernährung ist aus meiner Sicht, dass man auf naturbelassene Lebensmittel zurückgreift und wie bei der Low Carb-Ernährung auf Getreideprodukte und Industriezucker verzichtet. Der Nachteil an Paleo ist sicherlich, dass die Ernährungsform auf Dauer sehr einseitig sein kann, da einige Lebensmittelgruppen komplett vom Speiseplan gestrichen werden.

Welche Lebensmittel sind Bestandteil der Paleo-Ernährung? Welche nicht?

Erlaubte Lebensmittel	Verbotene Lebensmittel
Brot und Mehl aus Samen, Kernen oder Nüssen wie Mandelmehl, Leinsamenmehl, Kokosmehl	**Brot und Mehl** aus Getreide wie Weizenmehl, Roggenmehl, Dinkelmehl, Pseudogetreide
Nudeln und Reis aus Gemüse, Samen, Kernen, Nüssen	**Nudeln und Reis** Weizennudeln, Vollkornnudeln, Maisnudeln, Nudeln aus Pseudogetreide, Couscous, Soja, Reis
Gemüse alle Sorten außer Hülsenfrüchte	**Gemüse** Hülsenfrüchte
Milchprodukte fermentierte Produkte wie Joghurt oder Kefir, (Butter und Ghee)	**Milchprodukte** alle anderen Milchprodukte
Obst alle Sorten	**Obst** Keine Sorten
Nüsse, Samen und Kerne alle Sorten außer verarbeitete und künstlich gesüßte	**Nüsse, Samen und Kerne** verarbeitete und künstlich gesüßte
Fleisch, Fisch und Eier Fleisch, Fisch und Wurst ohne Zuckerzusätze und Panade, Eier	**Fleisch, Fisch und Eier** paniertes Fleisch, Frikadellen, Fleisch, Fisch und Wurst mit Zuckerzusätzen oder Panade
Süßungsmittel Honig, Ahornsirup, Kokosblütenzucker	**Süßungsmittel** alle anderen Süßungsmittel

Darmpilzdiät: Wieso Darmpilzdiät?

Was ist die Darmpilzdiät?

Die Darmpilzdiät hat primär das Ziel, den Pilz im Darm auszuhungern. Da dieser sich von Kohlenhydraten und Zucker ernährt, werden für den Zeitraum der Diät zuckerhaltige und kohlenhydratreiche Lebensmittel vom Speiseplan gestrichen.

Wieso Darmpilzdiät?

In der Naturheilkunde wird davon ausgegangen, dass eine Überbesiedlung unseres Darmes mit Parasiten oder Hefepilzen wie z.B. Candida zu diversen gesundheitlichen Beschwerden führen kann. Dies kann vor allem dann passieren, wenn unser Darm oder Immunsystem durch verschiedene Faktoren geschwächt sind (Autoimmunerkrankung, Stress, Antibiotikagabe etc.). Es wird davon ausgegangen, dass bei einer Überbesiedlung des Darmes mit Pilzen die natürliche Darmflora negativ beeinträchtigt und gute Bakterien verdrängt werden. Mit der Diät versucht man, den Pilz im Darm so weit einzudämmen, dass das Gleichgewicht im Darm wiederhergestellt werden kann.

Was sind die Vor- und Nachteile der Darmpilzdiät?

Ein großer Vorteil der Diät ist, wie bei den vorherigen Ernährungsformen, dass man sich grundsätzlich gesünder ernährt (Verzicht auf Weißmehlprodukte und Zucker). Wenn man tatsächlich ein Pilz- oder Parasitenproblem hat, kann es ggf. sinnvoll sein, diese Diät für einen gewissen Zeitraum einzuhalten. Ein Nachteil ist die Umstrittenheit der Diät. Nicht nur bei dem Nutzen der Diät ist man sich nicht einig, auch zu den erlaubten Lebensmitteln und der Diät-Dauer gibt es unterschiedliche Meinungen.

Welche Lebensmittel sind Bestandteil der Darmpilzdiät? Welche nicht?

Erlaubte Lebensmittel	Verbotene Lebensmittel
Brot und Mehl aus kohlenhydratarmen Lebensmitteln wie Mandelmehl, Leinsamenmehl, Kokosmehl etc. und Pseudogetreide in kleinen Mengen	**Brot und Mehl** aus glutenhaltigem Getreide wie Weizenmehl, Roggenmehl, Dinkelmehl
Nudeln und Reis Low Carb Nudel- und Reisalternativen wie Konjakreis, Konjaknudeln oder aus Pseudogetreide (in kleinen Mengen)	**Nudeln und Reis** Nudeln aus glutenhaltigem Getreide, weißer Reis Couscous
Gemüse stärkearmes Gemüse, stärkehaltiges Gemüse wie Süßkartoffeln oder Pastinaken nur in kleinen Mengen	**Gemüse** Kartoffeln manchmal verboten (umstritten), Hülsenfrüchte (umstritten, wenn in kleinen Mengen)
Milchprodukte naturbelassene Produkte wie Sahne, Butter, Naturjoghurt, Quark, Käse (umstritten wegen Milchzucker)	**Milchprodukte** verarbeitete und gesüßte Produkte wie Fruchtjoghurt, Eis, gesüßte Schlagsahne
Obst fruktoseärmeres Obst wie Beeren, Aprikosen, Äpfel, Avocado, Sauerkirschen, Zitrone, Wassermelone	**Obst** fruktosereiches Obst wie Bananen, Datteln, Feigen und getrocknete Früchte
Nüsse, Samen und Kerne fast alle Nüsse wie Mandeln, Paranüsse, Haselnüsse, Samen	**Nüsse, Samen und Kerne** Cashews, Pistazien, geröstete und gezuckerte Nüsse
Fleisch, Fisch und Eier Fleisch, Fisch und Wurst ohne Zuckerzusätze und Panade, Eier	**Fleisch, Fisch und Eier** Fisch, Fleisch und Wurst mit Zuckerzusätzen oder Panade
Süßungsmittel Xylit, Erythrit, Stevia, Manukahonig (MGO 400+)	**Süßungsmittel** alle anderen Süßungsmittel

Darmfreundliche Ernährung: Die 10 wichtigsten Grundregeln

Nachfolgend möchte ich einige Grundsätze für eine gesunde und darmfreundliche Ernährung aufführen, denen ich während meiner Recherche immer wieder begegnet bin:

1) Die Ernährungsweise sollte möglichst ausgewogen sein.
2) (Bio-) Gemüse ist die Grundlage einer gesunden Ernährung.
3) Bio ist grundsätzlich besser (Fleisch aus konventioneller Haltung enthält meist Antibiotikarückstände und andere Schadstoffe; Bio-Gemüse ist in der Regel weniger gespritzt).
4) Der Verzehr von tierischen Bio-Produkten wird in Maßen empfohlen, da diese wichtige Proteine und Nährstoffe enthalten.
5) Auf Industriezucker sollte weitestgehend verzichtet werden.
6) Der Verzehr von fruktosearmen Obst wird empfohlen; Obst mit viel Fruchtzucker sollte nur in Maßen konsumiert werden.
7) Milchprodukte sollten nur in Maßen verzehrt werden; fermentierte Milchprodukte sind zu bevorzugen.
8) Hülsenfrüchte sollten nur in Maßen verzehrt werden; können durch Einweichen und Kochen verträglicher gemacht werden.
9) Getreide sollte ebenfalls nur in Maßen verzehrt werden; kann durch Einweichen und Kochen verträglicher gemacht werden. Pseudogetreide ist eine meist verträglichere Alternative für einen empfindlichen Darm.
10) Gluten ist für einen gereizten Darm eher ungeeignet.

Die umstrittensten Lebensmittel

Über viele Lebensmittel liest man sehr kontroverse Meinungen, die ich nachfolgend in einem kurzen Überblick zusammengefasst habe.

Milchprodukte

Milchprodukte sind gesund, da sie viele essenzielle Nährstoffe wie Kalzium enthalten – dieses Argument kennen die meisten von uns. Andere behaupten, dass Milchprodukte schlecht für uns sind, da sie schleimbildend wirken und Milchzucker (Laktose) enthalten. Wirkliche Beweise dafür, dass Milchprodukte grundsätzlich für uns alle schädlich sind, gibt es nicht. Vor allem fermentierte Milchprodukte wie Käse, Joghurt oder Kefir haben zudem mehrere Vorteile: Sie enthalten gute Bakterien, die unsere Darmflora unterstützen.

Nüsse und Samen

In vielen Ernährungsratgebern werden Nüsse als besonders gesund deklariert, denn neben den gesunden Fetten enthalten Nüsse auch hochwertiges Eiweiß, Ballaststoffe und sekundäre Pflanzenstoffe. Zudem sind sie eine gute Quelle für Vitamine und Mineralstoffe. Von einem übermäßigen Verzehr wird dennoch abgeraten, da Nüsse auch sogenannte Antinährstoffe enthalten (z.B. Lektine).

Hülsenfrüchte

Hülsenfrüchte wie Linsen, Bohnen und Kichererbsen gelten aufgrund ihres hohen Eiweiß- und Ballastoffgehaltes grundsätzlich als gesund. Trotzdem sind sie kein Bestandteil der Paleo-Ernährung, da sie potentiell ungünstige Antinährstoffe wie Lektine und Phytate enthalten. Allerdings können diese Antinährstoffe durch Erhitzen (Lektine), Einweichen (Phytate) oder auch durch Keimen oder Fermentieren größtenteils unschädlich gemacht werden.

Vollkornprodukte und Pseudogetreide

Vollkornprodukte haben einen Vorteil gegenüber Weißmehlprodukten: Sie sind nährstoff- und ballastoffreicher. Bei Weißmehlprodukten werden während des Verarbeitungsprozesses die äußere Schicht und der Keimling entfernt, die Ballaststoffe, Vitamine und Mineralien enthalten. Allerdings ist Vollkorngetreide ebenfalls umstritten – unter anderem wegen des darin enthaltenden Glutens – und beispielsweise kein Bestandteil der Paleo-Ernährung. Pseudogetreide wie Quinoa, Buchweizen und Amaranth haben den Vorteil, dass sie glutenfrei sind. Darüber hinaus enthalten sie neben Kohlenhydraten sehr viel Eiweiß, aber auch Antinährstoffe.

Obst

Obst wird in den meisten Quellen als besonders gesund deklariert. Allerdings enthält das meiste Obst auch viel Fruchtzucker, mehr noch, als es früher einmal der Fall war. Heutzutage wird es nämlich extra so gezüchtet, dass es besonders süß schmeckt. Deshalb wird in einigen aktuellen Ernährungsratgebern dazu geraten, Obst nur in Maßen zu konsumieren. Zudem sollte eher fruktosearmes Obst auf dem Speiseplan stehen.

Fleisch

Der Fleischkonsum ist nicht nur aus ethisch-moralischen Gründen umstritten. Es wird angenommen, dass er negative gesundheitliche Auswirkungen haben kann (z.B. Herz-Kreislauf-Erkrankungen). Verarbeitetem Fleisch wie Wurst, Schinken oder Salami wird sogar eine krebserregende Wirkung nachgesagt. Fleisch ist allerdings auch eine wichtige Quelle für tierisches Eiweiß und liefert wichtige Mineralstoffe. Deshalb wird in vielen Ernährungsformen wie Paleo empfohlen, wenn überhaupt nur unverarbeitetes Fleisch und das in Maßen zu verzehren (max. 2-3 Mal pro Woche).

Lebensmittelübersicht Kochbuch

Welche Lebensmittel sind Bestandteil dieses Kochbuchs? Und warum?

Enthalten	Grund
Getreide glutenfreies Getreide: glutenfreie Haferflocken, Pseudogetreide	Hafer enthält viele Ballaststoffe, Mineralstoffe, Antioxidantien sowie Vitamine und gilt als eine der gesündesten Getreidesorten. Haferflocken sind ideal, um damit gesunde und abwechslungsreiche Porridge- und Müsligerichte zu kreieren. Pseudogetreide wie Buchweizen und Quinoa sind von Natur aus glutenfrei und reich an Nährstoffen und Eiweißen.
Bio-Gemüse alle Gemüsesorten bis auf Hülsenfrüchte	Gemüse enthält viele Nährstoffe und Vitamine und stellt in sämtlichen Ernährungsformen die Basis einer gesunden Ernährung dar. Bio-Gemüse ist die bessere Wahl, da dieses weniger pestizid-belastet ist.
Bio-Obst größtenteils fruktosearmes Obst wie Beeren	Beeren enthalten viele Vitamine, Mineralien, Ballaststoffe und sekundäre Pflanzenstoffe, die beschädigte Körperzellen reparieren können. Ein weiterer Vorteil ist ihr geringer Fruchtzuckergehalt.
Milchprodukte laktosefreie Milchprodukte	Milchprodukte sind aus einem einfachen Grund Bestandteil dieses Kochbuches: Durch sie lässt sich die Low Carb-Ernährung abwechslungsreicher gestalten. Aufgrund der gesundheitlichen Nachteile, die Milchprodukten nachgesagt werden, habe ich diese allerdings nur in wenigen Rezepten und auch nur laktosefrei (für etwaige Intoleranz) verwendet.

Nüsse, Samen und Kerne Mandeln, Haselnüsse, Leinsamen, Chiasamen, Hanfsamen, Flohsamen, Sonnenblumenkerne, Kürbiskerne	Nüsse und Samen enthalten reichlich Ballaststoffe, mehrfach ungesättigte Omega-3-Fettsäuren, sekundäre Pflanzenstoffe und wichtige Vitamine. Zudem sind diese eine gute Low Carb-Alternative zu Getreideprodukten.
Bio-Fleisch, -Fisch und-Eier Hähnchen, Pute, Rind, Lachs	Fleisch ist eine Quelle für tierisches Eiweiß, Vitamin B12, Mineralstoffe und Zink. Da vor allem verarbeitetem Fleisch eine krebserregende Wirkung nachgesagt wird, habe ich nur unverarbeitetes Bio-Fleisch verwendet. Lachs ist reich an Omega-3-Fettsäuren, Mineralstoffen und Vitaminen. Aber auch hier gilt: Bio-Lachs oder auch Wildlachs sind die bessere Wahl.
Fette und Öle Olivenöl, Kokosöl, Ghee	Fette mit einem hohem Omega-3-Anteil gelten als besonders gesund. Kokosöl hat mehrere Vorteile: Es besteht fast komplett aus gesättigten Fettsäuren und wirkt zudem antimykotisch (gegen Pilze). Ghee ist ebenfalls reich an gesättigten Fettsäuren und zudem laktosefrei.
Süßungsmittel Honig, Manukahonig (MGO 400+), Kokosblütenzucker (paleokonform) Alternativ: Low Carb Zucker wie Erythrit, Stevia	Honig enthält viele wertvolle Nährstoffe sowie Vitamine und wird immer wieder in Bezug auf positive gesundheitliche Eigenschaften wie seine antioxidative, antivirale, antiseptische und antibiotische Wirkung genannt. Allerdings enthält Honig auch sehr viel Fruchtzucker: Also nur in Maßen konsumieren. Wichtig: Bei der Darmpilzdiät ist normaler Honig nicht geeignet, hier können Manukahonig (MGO 400+) oder die Low Carb Zuckeralternativen Stevia und/oder Erythrit ausprobiert werden. Generell gilt aber: Zucker ist Zucker und sollte nur in Maßen konsumiert werden.

Welche Lebensmittel sind KEIN Bestandteil dieses Kochbuchs? Und warum?

Nicht enthalten	Grund
Getreide glutenhaltiges Getreide wie Weizen, Roggen, Dinkel etc. (Weißmehl und Vollkorn)	Glutenhaltiges Getreide kann bei einem empfindlichen Magen-Darm-System problematisch sein. Zudem ist es weder Bestandteil der Paleo- noch der Low Carb-Ernährung. Darüber hinaus ist glutenhaltiges Getreide reich an sogenannten FODMAPs* und kann Entzündungen im Darm fördern.
Gemüse Hülsenfrüchte	Hülsenfrüchte enthalten zum einen verschiedene Antinährstoffe, zum anderen sind sie relativ reich an Kohlenhydraten und FODMAPs.
Obst fruktosereiches Obst wie Weintrauben, Ananas, Pfirsich etc.	Fruktose ist auch nur eine Form von Zucker und kann leicht in Fett umgewandelt werden und deshalb für die Leber problematisch sein. Auch Fruktose ist FODMAP-reich.
Milchprodukte Sahne, Milch	Sahne und Milch sind kein Bestandteil, da es für diese gute pflanzliche Alternativen gibt: Kokosmilch als Sahneersatz und Pflanzenmilch wie Mandelmilch als Milchersatz. Milch ist vor allem auch wegen der darin enthaltenden Wachstumshormone umstritten. Außerdem sind laktosehaltige Milchprodukte FODMAP-reich.
Nüsse, Samen und Kerne Erdnüsse (siehe Hülsenfrüchte)	Erdnüsse gehören strenggenommen zu den Hülsenfrüchten, die kein Bestandteil dieses Kochbuches sind.
Fleisch Schweinefleisch, verarbeitetes Fleisch wie Wurst, Schinken, Salami	Schweinefleisch gilt als eher ungesund (Gründe: viel Fett, steigert angeblich Krebsrisiko). Verarbeitetem Fleisch wird ebenfalls eine krebserregende Wirkung nachgesagt.

Fette und Öle Sonnenblumenöl, Sojaöl, Distelöl	Diese Öle haben einen extrem hohen Anteil an mehrfach ungesättigten Fettsäuren und dabei einen nur sehr geringen Anteil an Omega-3-Fettsäuren. Sie können Entzündungsprozesse im Körper fördern.
Süßungsmittel Industriezucker	Künstlich hergestellter Haushaltszucker enthält keine Nährstoffe, dafür aber reichlich „leere" Kalorien.

*Das Akronym FODMAP steht für fermentierbare Oligo-, Di- und Monosaccharide und Polyole. Dies sind bestimmte Kohlenhydratverbindungen, die zu Verdauungsbeschwerden führen können.

Welche Kräuter und Gewürze sind Bestandteil dieses Kochbuchs? Und warum?

Zimt

Zimt werden viele verschiedene gesundheitliche Vorteile wie die Senkung der Blutzuckerwerte und des Cholesterinspiegels zugeschrieben. Zudem soll Zimt den Stoffwechsel ankurbeln und eine antiparasitäre und antimykotische Wirkung haben.

Kurkuma

Auch Kurkuma wird in der Naturheilkunde viele heilsame Eigenschaften zugeschrieben: Er soll antioxidativ und entzündungshemmend wirken und wird auch bei Darmbeschwerden und Verdauungsproblemen unterstützend eingesetzt.

Ingwer

Ingwer kann Übelkeit und Verdauungsbeschwerden lindern, Entzündungen reduzieren, Pilze und Bakterien bekämpfen und den Blutzucker senken.

Curry

Curry setzt sich aus verschiedenen Gewürzen zusammen, denen eine positive Eigenschaft für die Gesundheit nachgesagt wird (Bockshornklee, Kurkuma, Zimt, schwarzer Pfeffer, Cayennepfeffer).

Pfeffer

Pfeffer ist gesund und kann dabei helfen, eine Vielzahl von Erkrankungen, wie zum Beispiel Verdauungsbeschwerden, Fieber, Halsschmerzen/Erkältung etc. zu lindern oder auch vorzubeugen.

Minze

Das in der Pfefferminze enthaltene Menthol sowie die Bitter- und Gerbstoffe sind vor allem für Magen und Darm gesund, denn diese wirken nachweislich krampflösend, beruhigend und schmerzlindernd.

Oregano

Oregano kann bei einer Vielzahl gesundheitlicher Probleme angewandt werden (wird als Öl auch als natürliches Antibiotikum eingesetzt). Es wirkt antibakteriell (Bakterien), antiviral (Viren) und fungizid (Pilze). Zusätzlich wirkt es durchblutungsfördernd, entzündungshemmend und schmerzstillend.

Knoblauch

Knoblauch ist sehr reich an Nährstoffen und wirkt antibakteriell und antiparasitär. Zudem soll die Knolle das Immun- sowie Herz-Kreislauf-System stärken.

Rosmarin

Rosmarinblätter wirken verdauungsfördernd und krampflösend. Rosmarin wird aber auch als Medikament gegen Migräne, Rheuma und Verstauchungen eingesetzt.

Basilikum

Wie viele Gewürze hat auch Basilikum entzündungshemmende Wirkungen. Es soll außerdem bei Wundheilung, Akne, Diabetes und einigen Krebsarten nützlich sein.

Thymian

Thymian enthält ätherisches Öl, welches den Schleim aus den Atemwegen lösen und dadurch Husten lindern kann. Zudem wird Thymian eine krampflösende und entzündungshemmende Wirkung zugeschrieben.

Petersilie

Petersilie hat nicht nur sehr viele nützliche Vitamine (Vitamin B1, B6, C und D), sondern auch wichtige Mineralstoffe und Spurenelemente wie Eisen, Kalzium, Kalium und Magnesium. In vielen Ländern wird Petersilie als Heilmittel z.B. bei Diabetes, Magen- Darmbeschwerden oder Bluthochdruck eingesetzt.

Vanille

Echte Vanille ist gesund, da sie fungizide, antimikrobielle und entzündungshemmende Eigenschaften aufweist. Auch bei der Behandlung von Hauterkrankungen wie Neurodermitis oder Schlafstörungen kann sie sehr hilfreich sein.

Lebensmittelalternativen

Während meiner Recherche bin ich auf einige gesunde Alternativen zu den üblichen kohlenhydrat- und/oder zuckerreichen Lebensmitteln gestoßen. Diese ermöglichen eine leckere und gleichzeitig abwechslungsreiche Ernährung, bei der man nicht das Gefühl hat, auf besonders viel verzichten zu müssen.

Brot, Mehl und Backwaren	Joghurt, Milch und Sahne	Reis und Nudeln
▸ Mandelmehl/gemahlene Mandeln ▸ Kokosmehl ▸ Flohsamenschalenmehl ▸ Kartoffelfasermehl ▸ Kastanienmehl ▸ Leinsamenmehl ▸ Weinsteinbackpulver ▸ Natron	▸ Kokosjoghurt (ungesüßt) ▸ Mandeljoghurt (ungesüßt) ▸ Mandelmilch (ungesüßt) ▸ Kokosmilch (ungesüßt)	▸ Konjakreis/-nudeln ▸ Blumenkohlreis ▸ Gemüsenudeln aus Zucchini/Möhren ▸ Low Carb Nudeln, z.B. aus Leinsamenmehl ▸ Nudeln aus Pseudogetreide

Brotaufstriche	Müsli	Süßungsmittel
▸ Manukahonig ▸ Nussmus (ungesüßt) ▸ selbstgemachtes Nutella aus Haselnussmus ▸ selbstgemachte Beerenmarmelade	▸ Low Carb Porridge aus Samen und Nüssen ▸ selbstgemachtes Knuspermüsli/Granola	▸ Manukahonig ▸ Kokosblütenzucker ▸ gemahlene Vanille ▸ Zimt ▸ Stevia und Erythrit (Low Carb)

Auch gesunde Varianten für die klassischen Fast-Food-Gerichte wie Döner, Pizza, Burger, Nudeln oder Chips sind in diesem Kochbuch enthalten. Denn auch hierfür gibt es gesunde Alternativrezepte, die mindestens genauso gut schmecken.

Rezepte

Frühstück & Backwaren

Mandelbrot

Minuten: 15
+ 60 (Backzeit)

✔ Low Carb
✔ Paleo

Portionen: 1
(Brot)

Zutaten:

- 200 g Mandelmehl
- 60 g Flohsamenschalenmehl
- 4 Eier
- 135 ml warmes Wasser
- 55 g Kokosöl *(geschmolzen)*
- 1 TL Natron
- ½ TL Salz

Zubereitung:

1. Den Backofen auf 180 °C (Ober-/Unterhitze) vorheizen und ein Backblech mit Backpapier auslegen.
2. Mandelmehl, Flohsamenschalenmehl, Natron und Salz in einer größeren Schüssel vermischen.
3. Die Eier, das Wasser sowie das geschmolzene Kokosöl unterrühren und den Teig gut durchkneten.
4. Den Teig zu einem Brot formen und für ca. 60 Minuten in den vorgeheizten Backofen geben.
5. Das fertige Brot aus dem Backofen nehmen und vor dem Verzehr auskühlen lassen.

Mandel-Leinsamen-Brötchen

Minuten: 10
+ 30 (Backzeit)

Low Carb

Portionen: 2
(Brötchen)

Zutaten:

- 80 g Mandelmehl
- 40 g Leinsamenmehl
- 30 g Flohsamenschalenmehl
- 100 g griechischer Joghurt *(laktosefrei)*
- 3 Eier
- 1 EL Kokosöl *(geschmolzen)*
- 1 TL Natron
- Mohn- oder Sesamsamen *(zum Bestreuen)*
- 1 Prise Salz

Zubereitung:

1. Den Backofen auf 180 °C (Umluft) vorheizen und ein Backblech mit Backpapier auslegen.
2. Alle Zutaten bis auf die Mohn-/Sesamsamen in eine große Schüssel geben. Alles gut verrühren und zu einem glatten Teig kneten.
3. Aus dem Teig 2 gleichgroße Brötchen formen und auf das Backblech legen. Nach Belieben mit Mohn-/Sesamsamen bestreuen.
4. Die Brötchen für ca. 30 Minuten in den Backofen geben.
5. Die fertigen Brötchen aus dem Backofen nehmen und vor dem Verzehr abkühlen lassen.

Mandel-Körnerbrot

Minuten: 10
+ 60 (Backzeit)

✔ Low Carb
✔ Paleo

Portionen: 1
(Brot)

Zutaten:

- 200 g gemahlene Mandeln
- 150 g Sonnenblumenkerne
- 100 g Kürbiskerne
- 100 g Leinsamen
- 100 g Leinsamenmehl
- 3 Eier
- 150 ml Kokosmilch
- 1 TL Weinsteinbackpulver
- 1 TL Salz

Zubereitung:

1. Den Backofen auf 180 °C (Umluft) vorheizen und ein Backblech mit Backpapier auslegen.
2. Die Eier in einer Schüssel zusammen mit der Kokosmilch vermengen. Das Backpulver und Salz dazugeben.
3. Die gemahlenen Mandeln, Sonnenblumenkerne, Kürbiskerne, Leinsamen und das Leinsamenmehl untermengen.
4. Aus dem Teig ein Brot formen und auf das Backblech legen.
5. Für ca. 60 Minuten in den vorgeheizten Backofen geben.
6. Das fertige Brot aus dem Backofen nehmen und vor dem Verzehr abkühlen lassen.

Haselnuss-Körnerbrot

Minuten: 15
+ 80 (Backzeit)

✔ Low Carb
✔ Paleo

Portionen: 1
(Brot)

Zutaten:

- 100 g gemahlene Haselnüsse
- 100 g Sonnenblumenkerne
- 50 g geschrotete Leinsamen
- 50 g ganze Haselnüsse
- 25 g Flohsamenschalenmehl
- 200 ml warmes Wasser
- ½ Paket Weinsteinbackpulver
- ½ TL Salz

Zubereitung:

1. Den Backofen auf 160 °C (Umluft) vorheizen und ein Backblech mit Backpapier auslegen.
2. Alle trockenen Zutaten in eine große Schüssel geben und gut vermischen.
3. Das Wasser dazu gießen, den Teig nochmal gut durchrühren und ca. 10 Minuten quellen lassen.
4. Danach den Teig zu einem Brot kneten und für ca. 80 Minuten in den Backofen geben.
5. Das fertige Brot aus dem Backofen nehmen und vor dem Verzehr abkühlen lassen.

Leinsamenbrot

Minuten: 10
+ 60 (Backzeit)

✔ Low Carb
✔ Paleo

Portionen: 1
(Brot)

Zutaten:

- 165 g Leinsamenmehl
- 35 g Flohsamenschalen
- 3 Eier
- 250 ml warmes Wasser
- 1 TL Natron
- ½ TL Salz

Zubereitung:

1. Den Backofen auf 180 °C (Umluft) vorheizen und ein Backblech mit Backpapier auslegen.
2. Leinsamenmehl, Flohsamenschalen, Natron und Salz in einer großen Schüssel vermischen.
3. Die Eier und das lauwarme Wasser hinzugeben und alles gut verrühren.
4. Den Teig zu einem Brot formen und für ca. 60 Minuten in den vorgeheizten Backofen geben.
5. Das fertige Brot aus dem Backofen nehmen und vor dem Verzehr abkühlen lassen.

Beerenmarmelade

Minuten: 10

✔ Low Carb
✔ Paleo

Portionen: 2

Zutaten:

- 100 g gefrorene Beeren *(nach Wahl)*
- 2 TL Chiasamen
- 1 TL Zitronensaft
- 1-2 TL Honig *(optional für mehr Süße)*

Zubereitung:

1. Die Beeren in einen kleinen Topf geben und bei geringer Hitze unter gelegentlichem Rühren für ca. 2 Minuten auftauen lassen.
2. Die Chiasamen hinzugeben und den Zitronensaft (und optional den Honig) unterrühren. Für ca. 5 Minuten bei mittlerer Hitze quellen lassen bis die Marmelade eine dickflüssige Konsistenz annimmt.
3. Die Beerenmarmelade in ein Schälchen füllen und sofort servieren oder kalt stellen.

Tipp: Passt besonders gut als Topping auf Porridge oder Joghurt.

Süßkartoffel-Bowl mit Beeren

Minuten: 10
+ 30 (Backzeit)

✔ Paleo

Portionen: 1
(Bowl)

Zutaten:

Bowl

- 1 kleine Süßkartoffel
- 100 ml Mandelmilch
- 50 ml Kokosmilch
- 1 TL Honig
- 1 TL Zimt

Topping

- 1 TL Mandelmus
- 2 EL Beerenmarmelade *(Rezept auf S. 41)*
- 1 EL Heidelbeeren

Zubereitung:

1. Den Backofen auf 170 °C (Ober-/Unterhitze) vorheizen.
2. Die Süßkartoffel halbieren und für ca. 30 Minuten im Backofen garen, bis sie weich ist.
3. Die Süßkartoffel aus dem Backofen nehmen, kurz abkühlen lassen und mit einem Messer die Schale abziehen.
4. Die Süßkartoffel zusammen mit der Mandel- und Kokosmilch, dem Honig sowie Zimt in eine Schüssel geben und mit einem Stabmixer zu einer cremigen Masse pürieren.
5. Die entstandene Masse in eine Bowl-Schale geben und mit den Toppings garnieren.

Nuss-Nougat-Creme

Minuten: 2

✔ Low Carb
✔ Paleo

Portionen: 1

Zutaten:

- 2 TL Haselnussmus
- 1 TL Mandelmus *(braun)*
- 1 EL Mandelmilch
- 1 TL Honig
- 1 TL Kakaopulver

Zubereitung:

1. Haselnussmus, Mandelmus, Honig und Kakaopulver in einem kleinen Schälchen miteinander vermengen.
2. Mandelmilch unterrühren bis die Masse eine cremige Konsistenz annimmt.
3. In ein Schälchen füllen und sofort servieren oder kalt stellen.

Tipp: Schmeckt besonders gut auf Mandel- oder Leinsamenbrot (Rezepte auf S. 36 und S. 40). Da sich die Creme ca. 1 Woche im Kühlschrank hält, kann man auch eine größere Menge in einem Einmachglas anrühren.

Waffeln mit Erdbeersoße

Minuten: 15 ✔ Low Carb **Portionen: 2** *(Waffeln)*

Zutaten:

Waffeln

- 30 g Mandelmehl
- 2 EL Mandelproteinpulver
- 50 g Magerquark *(laktosefrei)*
- 5 EL Mandelmilch
- 1 EL Honig
- 1 TL gemahlene Vanille
- 1 TL Kokosöl *(zum Einfetten)*

Soße

- 60 g Erdbeeren
- 1 EL Kokosraspeln

Zubereitung:

1. Die Zutaten für die Waffeln in einer Schüssel miteinander vermengen, bis eine gleichmäßige Masse entsteht.
2. Den Teig portionsweise in ein eingefettetes, vorgewärmtes Waffeleisen füllen und die Waffeln ausbacken lassen.
3. Für die Soße die Erdbeeren und die Kokosraspeln in einem Zerkleinerer pürieren.
4. Die Waffeln zusammen mit der Soße anrichten und servieren.

Gebratener Zimt-Apfel mit Joghurt

Minuten: 10

✔ Low Carb
✔ Paleo

Portionen: 1

Zutaten:

- ½ Granny Smith Apfel
- 100 g Kokosjoghurt
- 1 EL gehackte Haselnüsse
- 1 TL Zimt
- 1 TL Kokosöl

Zubereitung:

1. Den halben Apfel schälen und in kleine Stücke schneiden.
2. In einer Pfanne das Kokosöl erhitzen und die Apfelstücke für ca. 5 Minuten bei geringer Hitze dünsten, bis diese weich werden. Die Pfanne vom Herd nehmen und den Zimt über den Apfel streuen.
3. Den Kokosjoghurt in ein Schälchen füllen und die Apfelstücke ebenfalls dazugeben.
4. Mit den gehackten Haselnüssen garnieren und servieren.

Apfel-Möhren-Muffins

Minuten: 10
+ 25 (Backzeit)

Portionen: 3
(Muffins)

Zutaten:

- 1 Granny Smith Apfel
- 1 Möhre
- 80 g Buchweizenmehl
- 4 EL Kokosöl *(geschmolzen)*
- 1 EL Mandelmus
- 1 EL Kokosblütenzucker
- ¼ TL Natron

Zubereitung:

1. Den Backofen auf 200 °C (Ober-/Unterhitze) vorheizen.
2. Den Apfel und die Möhre schälen und mit einer feinen Reibe in eine Schüssel raspeln.
3. Die restlichen Zutaten unter die Apfel-Möhren-Mischung heben, bis ein gleichmäßiger Teig entsteht.
4. Den entstandenen Teig auf 3 Muffinförmchen verteilen und für ca. 25 Minuten in den Backofen geben.
5. Die fertigen Muffins aus dem Backofen nehmen und vor dem Verzehr abkühlen lassen.

Rührei mit Tomaten

Minuten: 10

✔ Low Carb
✔ Paleo

Portionen: 1

Zutaten:

- 4 Eier
- 1 große Tomate
- 1 EL Sprudelwasser
- 1 TL Petersilie
- 1 TL Schnittlauch
- 1 TL Kokosöl
- Salz
- Pfeffer

Zubereitung:

1. Die Eier in einer Schüssel mit dem Sprudelwasser verquirlen.
2. Die Tomate waschen, in kleine Würfel schneiden und zu der Ei-Masse geben.
3. Die Petersilie, den Schnittlauch und 1 Prise Salz sowie Pfeffer hinzugeben und unterrühren.
4. Das Kokosöl in einer Pfanne erhitzen und die Ei-Masse hinzugeben.
5. Für ca. 2 bis 3 Minuten bei mittlerer Hitze unter Wenden braten, bis das Ei fest wird.
6. Das fertige Rührei auf einem Teller anrichten und servieren.

Kokos-Knuspermüsli

Minuten: 10
+ 60 (Backzeit)

✔ Low Carb
✔ Paleo

Portionen: 4

Zutaten:

- 100 g Kokosraspeln
- 100 g Sonnenblumenkerne
- 50 g Mandelmehl *(oder gemahlene Mandeln)*
- 25 g gehackte Kürbiskerne
- 20 g geschrotete Leinsamen
- 5 Eiweiße

Zubereitung:

1. Den Backofen auf 130 °C (Umluft) vorheizen und ein Backblech mit Backpapier auslegen.
2. In einer Schüssel erst die trockenen Zutaten vermengen und anschließend die Eiweiße unterrühren.
3. Die entstandene Masse auf dem Backblech verteilen und für ca. 60 Minuten in den Backofen geben.
4. Wenn das Müsli schön knusprig ist, dieses aus dem Ofen nehmen und vor dem Verzehr abkühlen lassen.

Tipp: Mit Joghurt, etwas Honig und Mandelmilch servieren.

Granola

Minuten: 10
+ 25 (Backzeit)

Portionen: 4

Zutaten:

- 70 g Haferflocken *(glutenfrei)*
- 50 g gehackte Mandeln
- 40 g gemahlene Mandeln
- 30 g Kokosraspeln
- 20 g Leinsamen
- 90 ml Mandelmilch
- 1 EL Honig

Zubereitung:

1. Den Backofen auf 170 °C (Ober-/Unterhitze) vorheizen und ein Backblech mit Backpapier auslegen.
2. In einer großen Schüssel alle Zutaten miteinander vermengen.
3. Die entstandene Masse gleichmäßig auf dem Backblech verteilen und für ca. 25 Minuten in den Backofen geben.
4. Wenn das Granola schön knusprig ist, dieses aus dem Ofen nehmen und vor dem Verzehr abkühlen lassen.

Tipp: Mit Kokosjoghurt und ein paar Beeren servieren.

Haferbrei mit Apfel und Zimt

Minuten: 10 **Portionen: 1**

Zutaten:

- 60 g Haferflocken *(glutenfrei)*
- ½ Granny Smith Apfel
- 250 ml Wasser
- 1 TL Honig
- 1 ½ TL Zimt
- 1 TL Kokosöl

Zubereitung:

1. Den halben Apfel waschen, schälen und in Stücke schneiden.
2. In einem kleinen Topf das Wasser aufkochen lassen und die Haferflocken hinzugeben. Für ca. 3 bis 5 Minuten bei geringer Hitze köcheln lassen und immer wieder umrühren, bis ein Haferbrei entsteht.
3. In einer Pfanne das Kokosöl erhitzen und die Apfelstücke für ca. 5 Minuten bei geringer Hitze dünsten, bis sie weich werden. Die Pfanne vom Herd nehmen und 1 TL Zimt über die Apfelstücke streuen.
4. Den restlichen Zimt und den Honig in den Haferbrei einrühren.
5. Den Brei in eine Schale füllen, die Apfelstücke dazugeben und servieren.

Zimtflakes

Minuten: 10
+ 25 (Backzeit)

✔ Low Carb
✔ Paleo

Portionen: 4

Zutaten:

- 90 g Leinsamenmehl
- 40 g Mandelmehl (*teilentölt*)
- 45 g Chiasamen
- 25 g Flohsamenschalen
- 25 g Mandelmus (*braun*)
- 100 ml Mandelmilch
- 60 ml Wasser
- 2 EL Zimt

Zubereitung:

1. Den Backofen auf 170 °C (Ober-/Unterhitze) vorheizen.
2. In einer Schüssel alle trockenen Zutaten bis auf den Zimt vermischen. 1 EL Zimt hinzugeben.
3. In einer zweiten Schüssel Mandelmus, Mandelmilch und Wasser zu einer klumpenfreien Masse vermischen. Zu der trockenen Mischung geben und alles zu einem Teig kneten.
4. Den Teig zwischen 2 Backpapieren ausrollen (ca. 2 mm). Dann das obere Backpapier abziehen. Den Teig gleichmäßig mit 1 EL Zimt bestreuen und für ca. 25 Minuten in den Backofen geben.
5. Den noch warmen Teig in kleine Rechtecke zu Flakes schneiden.

Tipp: Mit etwas Mandelmilch und Honig servieren.

Schoko-Nuss-Müsli

Minuten: 5

✔ Low Carb
✔ Paleo

Portionen: 2

Zutaten:

- 100 g gehackte Haselnüsse
- 100 g gehackte Mandeln
- 50 g gemahlene Mandeln
- 2 EL Mandelmus
- 2 EL Kokosöl
- 1 EL Honig
- 2 EL Kakaopulver

Zubereitung:

1. Mandelmus, Kokosöl und Honig bei geringer Hitze in einem Topf schmelzen lassen.
2. Die gehackten Haselnüsse, gehackten und gemahlenen Mandeln sowie das Kakaopulver unterrühren.
3. Das entstandene Schoko-Nuss-Müsli kurz abkühlen lassen und in eine Schale geben.

Tipp: Mit etwas Mandelmilch servieren.

Samen-Nuss-Porridge

Minuten: 5

✔ Low Carb
✔ Paleo

Portionen: 1

Zutaten:

Porridge

- 4 EL gemahlene Mandeln
- 3 EL Leinsamen
- 2 EL Chiasamen
- 150 ml Mandelmilch
- 1 TL Zimt
- 1 TL Kokosöl

Topping

- 1 EL Kakaonips
- 1 TL Nussmus *(z. B. Mandelmus)*

Zubereitung:

1. Das Kokosöl in einer kleinen Pfanne erhitzen.
2. Die gemahlenen Mandeln, Leinsamen, Chiasamen und den Zimt in die Pfanne geben. Alles ca. 2 Minuten bei mittlerer Hitze anrösten.
3. Die Herdplatte ausstellen, die Mandelmilch über die Samen-Nuss-Mischung gießen und alles noch einmal gut verrühren.
4. Den fertigen Brei in eine Schale füllen, das Nussmus und die Kakaonips darüber verteilen und servieren.

Apfel-Kokos-Porridge

Minuten: 10

✔ Low Carb
✔ Paleo

Portionen: 1

Zutaten:

- 1 Granny Smith Apfel
- 50 g Kokosjoghurt
- 2 EL geschrotete Leinsamen
- 100 ml Mandelmilch
- 1 TL Mandelmus
- 1 TL Zimt

Zubereitung:

1. Den Apfel waschen, schälen und in Stücke schneiden. Für das Topping nach Wunsch ein paar Stücke beiseitelegen.
2. Die restlichen Apfelstücke zusammen mit dem Joghurt, den Leinsamen, der Mandelmilch, dem Mandelmus und Zimt in einem Zerkleinerer zu einem Brei pürieren.
3. Den Apfelbrei in eine Schale füllen und mit den restlichen Apfelstücken aus Schritt 1 garnieren.

Tipp: Mit etwas Kokos-Knuspermüsli (Rezept auf S. 48) oder Granola (Rezept auf S. 49) servieren.

Samen-Kokos-Porridge

Minuten: 10

✔ Low Carb
✔ Paleo

Portionen: 1

Zutaten:

Porridge

- ½ Granny Smith Apfel
- 3 EL geschrotete Leinsamen
- 2 EL gemahlene Mandeln
- 2 EL Kokosraspeln
- 100 ml Kokosmilch
- 50 ml Mandelmilch
- 1 EL Heidelbeeren
- 1 TL Honig
- 1 TL Zimt

Topping

- 1 EL Heidelbeeren oder Himbeeren

Zubereitung:

1. Den halben Apfel schälen und mit einer feinen Reibe klein raspeln.
2. Die Kokosmilch in einen Topf geben und bei geringer Hitze erwärmen.
3. Den kleingeraspelten Apfel, die Leinsamen, gemahlenen Mandeln, Kokosraspeln und Mandelmilch zu der Kokosmilch geben und für ca. 2 bis 3 Minuten köcheln lassen.
4. Zum Schluss die Heidelbeeren, den Zimt und den Honig unter die warme Masse rühren.
5. Den Porridge in eine Schale füllen, die Heidel- oder Himbeeren darüber geben und servieren.

Schokoporridge mit Schokocreme

Minuten: 10

Portionen: 1

Zutaten:

Porridge

- 4 EL Haferflocken *(glutenfrei)*
- 2 EL Leinsamen
- 1 EL Hanfsamen
- 200 ml Mandelmilch
- 1 TL Honig
- 2 TL Kakaopulver

Topping

- 1 EL Schokocreme *(Rezept auf S. 43)*
- 1 EL Kakaonips
- 1 EL gehackte Nüsse *(z.B. Haselnüsse)*

Zubereitung:

1. Haferflocken, Leinsamen und Hanfsamen in einem Zerkleinerer zerhacken.
2. Die Mandelmilch in einem kleinen Topf erhitzen und die zerhackten Zutaten aus Schritt 1 hinzugeben. Bei mittlerer Hitze für ca. 3 bis 5 Minuten unter ständigem Rühren köcheln lassen.
3. Den Honig und das Kakaopulver in die cremige Masse einrühren.
4. Den fertigen Brei in eine Schale füllen und mit Schokocreme, Kakaonips und Nüssen garniert servieren.

Carob-Chai-Porridge

Minuten: 5

Portionen: 1

Zutaten:

- 5 EL Haferflocken *(glutenfrei)*
- 2 EL geschrotete Leinsamen
- 200 ml Wasser
- 100 ml Mandelmilch
- 1 EL Mandelmus
- 1 TL Honig
- 1 EL Carobpulver
- 1 TL Chai-Gewürzmischung
  (je 1 TL gemahlener Muskat, Kardamom, Zimt, Nelken und ½ TL gemahlener Ingwer)

Zubereitung:

1. Das Wasser in einen kleinen Topf geben und erhitzen.
2. Die Haferflocken sowie Leinsamen hinzugeben und für ca. 3 bis 5 Minuten bei mittlerer Hitze unter ständigem Rühren köcheln lassen.
3. Die Herdplatte ausstellen. Dann die Mandelmilch, das Mandelmus, Carobpulver, die Chai-Gewürzmischung und den Honig in den Topf geben und alles gut verrühren.
4. Den fertigen Brei in eine Schale füllen und servieren.

Tipp: Den Porridge mit Kakaonips und Nüssen oder anderen Toppings nach Wahl vor dem Servieren anrichten.

Buchweizen-Porridge

Minuten: 5 | Portionen: 1

Zutaten:

Porridge

- 50 g Buchweizenflocken
- ½ Banane
- 150 ml Wasser
- 100 ml Mandelmilch
- 1 TL Zimt

Topping

- ½ Banane
- 1 TL Honig *(flüssig)*
- 1 EL Nüsse *(z.B. Mandeln und Cashews)*

Zubereitung:

1. Das Wasser zusammen mit den Buchweizenflocken in einen kleinen Topf geben und erhitzen.
2. Die Banane in dünne Scheiben schneiden und etwa die Hälfte der Scheiben zusammen mit der Mandelmilch und dem Zimt in den Topf geben. Den entstandenen Porridge für ca. 3 bis 5 Minuten bei mittlerer Hitze unter ständigem Rühren köcheln lassen.
3. Den fertigen Brei in eine Schale füllen und mit den restlichen Bananenscheiben, Honig und Nüssen garniert servieren.

Pancakes mit Schokocreme

Minuten: 15

✔ Low Carb
✔ Paleo

Portionen: 4
(Pancakes)

Zutaten:

Pancakes

- 75 g Mandelmehl
- 2 Eier
- 75 ml Mandelmilch
- 1 EL Kokosöl *(geschmolzen)*
- 1 EL Honig
- 1 TL Kokosöl *(für die Pfanne)*

Topping

- 4 EL Schokocreme *(Rezept auf S. 43)*

Zubereitung:

1. Für den Pancake-Teig alle Zutaten in einer Schüssel miteinander vermischen und etwa 10 Minuten ziehen lassen.
2. Das Kokosöl in einer Pfanne erhitzen und anschließend den Teig portionsweise in die Pfanne geben. Nacheinander 4 Pancakes braten.
3. Die Pancakes auf einem Teller anrichten, jeden mit je 1 EL Schokocreme bestreichen und servieren.

Buchweizen-Heidelbeer-Pfannekuchen

Minuten: 10

Portionen: 2
(Pfannekuchen)

Zutaten:

Pfannekuchen

- 100 g Buchweizenmehl
- 75 g Kokosjoghurt
- 100 ml Mandelmilch
- 1 EL Heidelbeeren
- 1 TL Kokosöl

Topping

- 2 TL Zimt
- 2 TL Kokosblütenzucker

Zubereitung:

1. Den Kokosjoghurt und die Mandelmilch in einer Schüssel vermengen. Das Buchweizenmehl nach und nach hinzugeben und mit einem Schneebesen einrühren, bis ein glatter Teig entsteht. Danach die Heidelbeeren unterrühren.
2. In einer Pfanne das Kokosöl erhitzen und den Teig portionsweise in die Pfanne geben. Nacheinander 2 Pfannekuchen daraus braten.
3. Die Pfannekuchen auf einen Teller geben, mit je 1 TL Zimt sowie 1 TL Kokosblütenzucker bestreuen und servieren.

Kastanien-Apfelpfannekuchen

Minuten: 10 ✔ Paleo **Portionen: 2** *(Pfannekuchen)*

Zutaten:

Pfannekuchen

- 100 g Kastanienmehl
- 75 g Kokosjoghurt
- 100 ml Mandelmilch
- 1 Granny Smith Apfel
- 1 TL Kokosöl

Topping

- 2 TL Zimt
- 2 TL Kokosblütenzucker

Zubereitung:

1. Den Apfel schälen und in dünne Scheiben schneiden.
2. Den Kokosjoghurt und die Mandelmilch in einer Schüssel vermengen. Das Kastanienmehl nach und nach hinzugeben und mit einem Schneebesen einrühren, bis ein glatter Teig entsteht.
3. In einer Pfanne das Kokosöl erhitzen und den Teig zusammen mit den Apfelstücken portionsweise in die Pfanne geben. Nacheinander 2 Pfannekuchen daraus braten.
4. Die Pfannekuchen auf einen Teller geben, mit je 1 TL Zimt sowie 1 TL Kokosblütenzucker bestreuen und servieren.

Müsli-Frühstückskekse

Minuten: 10
+ 15 (Backzeit)

Portionen: 6
(Kekse)

Zutaten:

- 100 g Haferflocken *(glutenfrei)*
- 50 g gemahlene Mandeln
- 25 g Kürbiskerne
- 20 g Sesam
- 20 g Cashewkerne
- 15 g Leinsamen
- 1 EL Chiasamen
- 3 EL Wasser
- 25 g Kokosöl *(geschmolzen)*
- 25 ml Honig *(flüssig)*
- ½ TL Backpulver

Zubereitung:

1. Den Backofen auf 180 °C (Ober-/Unterhitze) vorheizen und ein Backblech mit Backpapier auslegen.
2. Die Chiasamen mit dem Wasser in einer Schale verrühren und 10 Minuten quellen lassen.
3. Alle anderen Zutaten in einer Schüssel zu einem Teig vermengen und die gequellten Chiasamen unterheben.
4. Den entstandenen Teig zu 6 Keksen formen, auf dem Backpapier verteilen und für ca. 15 Minuten backen.
5. Wenn die Kekse schön knusprig gebräunt sind, diese aus dem Backofen nehmen und vor dem Verzehr abkühlen lassen.

Süßkartoffel-Toast

Minuten: 5 ✔ Paleo **Portionen: 2** *(Scheiben)*

Zutaten:

Toast

- 1 Süßkartoffel

Topping

- 2 TL Mandelmus
- 1 EL Heidelbeeren *(oder andere Beeren)*

Zubereitung:

1. Eine Süßkartoffel schälen und längs 2 größere Scheiben dünn abschneiden.
2. Die Scheiben auf höchster Stufe so lange toasten, bis diese weich werden.
3. Die Süßkartoffelscheiben mit dem Mandelmus bestreichen, die Heidelbeeren darauf verteilen und servieren.

Tipp: Alternativ kann man die Süßkartoffelscheiben auch im Backofen zubereiten. Dazu die Scheiben mit Olivenöl bestreichen, auf ein Backblech mit Backpapier legen und für ca. 10 Minuten backen. Anschließend wenden und nochmals für ca. 10 Minuten in den Ofen geben.

Warme Gerichte

Gemüsepuffer

Minuten: 30

✔ Low Carb
✔ Paleo

Portionen:4
(Puffer)

Zutaten:

- 2 mittelgroße Möhren
- 1 kleine Zucchini
- ½ Zwiebel
- 1 Ei
- 1 EL Mandelmehl
- 2 EL Olivenöl
- Salz
- Pfeffer

Zubereitung:

1. Die Zucchini waschen, die Möhren schälen und alles mit einer groben Reibe in eine Schüssel raspeln. ½ TL Salz und 1 Prise Pfeffer zu der Masse geben und 15 Minuten ziehen lassen.
2. Die halbe Zwiebel schälen, klein hacken und zur Seite stellen.
3. Die Zucchini-Möhren-Masse in ein feines Sieb geben und die Flüssigkeit ausdrücken. Die Masse zurück in die Schüssel geben und mit den Zwiebelstücken, dem Ei und Mandelmehl vermengen.
4. 4 kleine Puffer aus der Gemüsemasse formen und mit Olivenöl in einer Pfanne bei mittlerer Hitze von beiden Seiten anbraten.
5. Die Puffer auf einem Teller anrichten.

Tipp: Mit einem Joghurt-Kräuter-Dip servieren.

Zoodles mit Walnuss-Pesto

Minuten: 15

✔ Low Carb
✔ Paleo

Portionen: 1

Zutaten:

Zoodles

- 1 Zucchini
- 8 Cherrytomaten
- 1 EL Olivenöl
- Salz
- Pfeffer

Pesto

- *Rezept auf S. 142*

Topping

- 2 EL Walnüsse

Zubereitung:

1. Das Spinat-Walnuss-Pesto zubereiten.
2. Die Zucchini waschen, mit einem Spiralschneider zu Zoodles verarbeiten und in eine Pfanne mit Olivenöl geben. 1 Prise Salz und Pfeffer hinzufügen und die Zucchini-Nudeln für ca. 2 bis 3 Minuten bei mittlerer Hitze in der Pfanne dünsten.
3. Die Tomaten waschen, halbieren und mit dem Pesto unter die Zoodles rühren.
4. Den Inhalt der Pfanne in einer Schale geben, mit den Walnüssen garnieren und servieren.

Zoodles mit Tomate-Mozzarella

Minuten: 15 ✔ Low Carb **Portionen: 1**

Zutaten:

- 1 Zucchini
- 6 Cherrytomaten
- 8 kleine Mozzarellakugeln *(laktosefrei)*
- 1 kleine Zwiebel
- 1 EL Tomatenmark
- 1 TL Oregano
- 1 EL Olivenöl
- Salz
- Pfeffer

Zubereitung:

1. Für die Zoodles die Zwiebel schälen, in Würfel schneiden und mit Olivenöl in einer Pfanne andünsten. Die Zucchini waschen und durch den Spiralschneider zu den Zwiebeln in die Pfanne drehen. 1 Prise Salz und Pfeffer hinzufügen und für 2 bis 3 Minuten bei mittlerer Hitze dünsten.
2. Die Cherrytomaten waschen und halbieren.
3. Wenn die Zoodles gar sind, das Tomatenmark und den Oregano unterrühren.
4. Zum Schluss die Tomaten sowie Mozzarellakugeln untermengen und das Zoodles-Gericht in einer Schale servieren.

Zoodles mit Lachs und Spinat

Minuten: 30

✔ Low Carb
✔ Paleo

Portionen: 1

Zutaten:

- 1 Zucchini
- 100 g frischer Babyspinat
- 150 g Lachsfilet
- 1 kleine Zwiebel
- 50 ml Kokosmilch
- 1 EL Zitronensaft
- 2 EL Olivenöl
- Salz
- Pfeffer

Zubereitung:

1. Den Backofen auf 190 °C (Ober-/Unterhitze) vorheizen. Den Lachs mit 1 Prise Salz bestreuen und in einer kleinen Auflaufform für ca. 20 bis 25 Minuten in den Backofen geben.
2. Die Zucchini waschen, mit einem Spiralschneider zu Zoodles verarbeiten und in einer Pfanne mit 1 EL Olivenöl für ca. 2 bis 3 Minuten andünsten. 1 Prise Salz und Pfeffer hinzufügen.
3. Die Zwiebel schälen, in Würfel schneiden und in einem kleinen Topf mit 1 EL Olivenöl andünsten. Den Spinat waschen und ebenfalls in den Topf geben. 1 Prise Salz und Pfeffer hinzufügen und für ca. 5 bis 7 Minuten dünsten.
4. Den garen Lachs zerkleinern und zusammen mit dem fertigen Spinat, Zitronensaft sowie der Kokosmilch zu den Zoodles geben.
5. Das fertige Gericht in einer Schale servieren.

Zoodles mit Bolognese

Minuten: 15

✔ Low Carb
✔ Paleo

Portionen: 1

Zutaten:

- 150 g Rinderhack
- 1 Zucchini
- 1 Möhre
- 6 Cherrytomaten
- 1 kleine Zwiebel
- 1 EL Tomatenmark
- 1 TL Oregano
- 3 EL Olivenöl
- Salz
- Pfeffer

Zubereitung:

1. Die Zwiebel sowie die Möhre schälen und in Würfel schneiden. Die Tomaten waschen und halbieren.
2. Für die Bolognese 2 EL Olivenöl in einer Pfanne erhitzen. Anschließend die Zwiebelstücke, das Hackfleisch, die Möhren- und Tomatenstücke, das Tomatenmark und den Oregano sowie 1 Prise Salz und Pfeffer hinzufügen und bei mittlerer Hitze für ca. 10 Minuten dünsten.
3. Die Zucchini waschen und durch den Spiralschneider in eine separate Pfanne mit 1 EL Olivenöl drehen. Mit Salz und Pfeffer würzen und bei mittlerer Hitze für 2 bis 3 Minuten dünsten.
4. Die Zoodles zusammen mit der Bolognese in einer Schale anrichten und servieren.

Risotto mit Möhren und Tomaten

Minuten: 25 | ✔ Low Carb | Portionen: 1

Zutaten:

- 250 g Konjakreis
- 1 Möhre
- 2 große Tomaten
- 1 rote Paprika
- 1 Zwiebel
- 100 ml Gemüsebrühe
- 1 TL Schmand *(laktosefrei)*
- 1 EL Tomatenmark
- 1 EL Petersilie
- 1 EL Olivenöl

Zubereitung:

1. Die Zwiebel und die Möhre schälen und in Würfel schneiden. In einer Pfanne mit Olivenöl andünsten.
2. Die Tomaten und Paprika waschen und in Würfel schneiden. Ebenfalls in die Pfanne geben und mit der Gemüsebrühe ablöschen. Für ca. 10 bis 15 Minuten bei mittlerer Hitze köcheln lassen.
3. Wenn das Gemüse gar ist, den Konjakreis in einem Sieb mit heißem Wasser abspülen und zu dem Gemüse in die Pfanne geben. Dann den Schmand, das Tomatenmark und die Petersilie unterheben und alles nochmal für ca. 2 bis 3 Minuten köcheln lassen.
4. Das fertige Risotto in eine Schale geben und servieren.

XL-Burger

Minuten: 30
+ 25 (Backzeit)

✔ Low Carb
✔ Paleo

Portionen: 1
(Burger)

Zutaten:

Buns

- 60 g Mandelmehl
- 15 g Flohsamenschalen
- 4 Eiweiße
- 100 ml warmes Wasser
- 1 EL Olivenöl
- 1 EL Apfelessig
- 1 TL Natron
- 1 TL Salz
- Sesam *(zum Bestreuen)*

Ketchup

- *Rezept auf S. 138*

Patty

- 100 g Rinderhack
- 2 EL Olivenöl
- Salz
- Pfeffer

Sonstige Zutaten

- 2 Blätter Eisbergsalat
- ½ große Tomate
- ½ kleine, rote Zwiebel

Zubereitung:

1. Alle Zutaten für die Buns bis auf das Wasser und den Sesam in einer Schüssel vermischen. Das warme Wasser hinzugeben und die

Masse kurz mit den Händen durchkneten. Danach den Teig ca. 15 Minuten quellen lassen.

2. Den Backofen auf 200 °C (Ober-/Unterhitze) vorheizen und ein Backblech mit Backpapier auslegen.
3. Aus dem Teig 2 große Brötchenhälften formen und auf die obere Hälfte Sesamkörner streuen.
4. Die Brötchenhälften auf das Backblech legen und für ca. 20 bis 25 Minuten backen, bis sie goldbraun sind.
5. Das Hack mit 1 Prise Salz und Pfeffer würzen und ein großes Patty daraus formen. Wenn man das Hack kurz vorher in die Gefriertruhe legt oder es ein paar Stunden vorher auftaut und es noch etwas kalt ist, dann haftet es besonders gut.
6. Olivenöl in einer Pfanne erhitzen und das Patty von beiden Seiten anbraten.
7. Die halbe Tomate waschen und in Scheiben schneiden. Die Eisbergsalatblätter ebenfalls waschen. Die halbe Zwiebel schälen und in Ringe schneiden.
8. Zum Schluss die untere Brötchenhälfte mit Tomatenketchup bestreichen. Dann mit dem Patty, Eisbergsalat, Tomatenscheiben und Zwiebelringen belegen. Mit der oberen Brötchenhälfte bedecken und servieren.

Tipp: Dazu passen Süßkartoffelpommes oder Ofenkartoffeln (Rezept auf S. 109).

Gemüse-Hack-Pfanne mit Rucola

Minuten: 25

✔ Low Carb
✔ Paleo

Portionen: 2

Zutaten:

- 300 g Rinderhack
- 1 Zucchini
- 1 Möhre
- 1 Paprika
- 1 Stange Lauch
- 1 Zwiebel
- 25 g Rucola *(etwa eine Handvoll)*
- 2 EL Olivenöl
- Salz
- Pfeffer

Zubereitung:

1. Die Zwiebel und Möhre schälen und in Würfel schneiden. Die Zucchini, Paprika und den Lauch waschen und anschließend in Stücke bzw. den Lauch in Ringe schneiden.
2. Die Zwiebelstücke zusammen mit dem Rinderhack in einer Pfanne mit Olivenöl anbraten.
3. Das Gemüse in die Pfanne geben und für ca. 10 bis 15 Minuten bei mittlerer Hitze dünsten. Mit Salz und Pfeffer würzen.
4. Wenn das Gemüse gar ist, den Rucola waschen, unter die Gemüse-Hack-Mischung heben und in einer Schale servieren.

Gefüllte Paprika

Minuten: 15
+ 25 (Backzeit)

✔ Low Carb

Portionen: 1

Zutaten:

- 200 g Rinderhack
- 1 große Paprika
- 1 kleine Zwiebel
- 70 g Feta *(laktosefrei)*
- 2 EL Olivenöl
- Salz
- Pfeffer

Zubereitung:

1. Den Backofen auf 200 °C (Ober-/Unterhitze) vorheizen.
2. Die Zwiebel schälen und in kleine Würfel schneiden. Mit dem Rinderhack in einer Pfanne mit Olivenöl anbraten. Mit Salz und Pfeffer würzen. Wenn das Fleisch gar ist, die Pfanne vom Herd nehmen, den Feta über dem Fleisch zerbröseln und unterheben.
3. Die Paprika waschen, um das Grün herum aufschneiden und anschließend mit einem kleinen Löffel aushöhlen. In eine Auflaufform stellen und mit der Hack-Feta-Mischung füllen. Für ca. 20 bis 25 Minuten in den Backofen geben.
4. Die Paprikaschote aus dem Ofen nehmen und auf einem Teller anrichten.

Tipp: Mit Konjak- oder Naturreis als Beilage servieren.

Thai Curry mit Konjakreis

Minuten: 25

✔ Low Carb
✔ Paleo

Portionen: 2

Zutaten:

- 250 g Konjakreis
- 200 g Hähnchenbrustfilet
- 3 Möhren
- 1 Paprika
- ½ Chinakohl
- 1 Stange Lauch
- 1 Zwiebel
- 400 ml Kokosmilch
- 1 EL Currypulver
- ½ EL Kurkumapulver
- ½ EL Ingwerpulver
- 1 TL Kokosöl
- Salz
- Pfeffer

Zubereitung:

1. Die Zwiebel schälen und in kleine Würfel schneiden. Das Hähnchen in grobe Stücke schneiden.
2. Die Möhren schälen und in dünne Stifte schneiden. Das restliche Gemüse waschen und klein schneiden: Paprika in Stücke, Chinakohl in dünne Streifen und den Lauch in Ringe.
3. Das Kokosöl in einer Pfanne erhitzen und die Zwiebelstücke sowie das Hühnerfleisch darin anbraten.
4. Wenn das Fleisch rundum knusprig gebräunt ist, dieses mit Salz und Pfeffer würzen, aus der Pfanne nehmen und beiseitestellen.

5. Das Gemüse in die noch heiße Pfanne geben und für ca. 10 bis 15 Minuten dünsten.

6. Das Curry-, Ingwer- und Kurkumapulver hinzufügen und anschließend die Kokosmilch und das Hühnerfleisch dazugeben. Alles nochmal für 2 bis 3 Minuten bei geringer Hitze köcheln lassen und zum Schluss mit Salz und Pfeffer abschmecken.

7. Den Konjakreis in einem Sieb mit heißem Wasser abspülen und in einem Topf mit Salzwasser für ca. 2 bis 3 Minuten kochen.

8. Den Konjakreis zusammen mit dem Curry in einer Schale anrichten und servieren.

Tipp: Das Gericht schmeckt auch vegetarisch (ohne das Hühnerfleisch) sehr gut. Der Konjakreis kann ebenso durch Naturreis ersetzt werden (dann ist das Gericht allerdings nicht mehr Low Carb).

Bunte Gemüsepfanne

Minuten: 25 ✔ Paleo **Portionen: 1**

Zutaten:

- 1 Möhre
- ½ Süßkartoffel
- ½ rote Paprika
- ½ Zucchini
- ½ Stange Lauch
- 1 EL Olivenöl
- Salz
- Pfeffer

Zubereitung:

1. Die Möhre sowie Süßkartoffel schälen und in grobe Stücke schneiden. Die Paprika, Zucchini und den Lauch waschen. Die Paprika und die Zucchini in grobe Stücke und den Lauch in Ringe schneiden.
2. Eine Pfanne mit Olivenöl erhitzen und das geschnittene Gemüse hinzugeben. Mit Salz und Pfeffer würzen.
3. Für ca. 10 bis 15 Minuten bei mittlerer Hitze dünsten, bis das Gemüse gar ist.
4. Das bunte Gemüse in eine Schale füllen und servieren.

Tipp: Eine Gemüsepfanne eignet sich bestens als Resteverwertung.

Gefüllte Kohlrabi

Minuten: 40

✔ Low Carb
✔ Paleo

Portionen: 1

Zutaten:

- 150 g Rinderhack
- 1 Kohlrabi
- 2 Möhren
- 3 Frühlingszwiebeln
- 300 ml Gemüsebrühe
- 2 EL Olivenöl

Zubereitung:

1. Den Kohlrabi schälen, unten gerade schneiden (damit er aufrecht steht) und dann aushöhlen (die Ränder sollten noch ca. 1 cm dick sein). Den ausgehöhlten Kohlrabi in einem Topf mit Salzwasser für ca. 20 bis 25 Minuten gar kochen (den Topf so weit mit Wasser füllen, dass der Kohlrabi etwa zu ⅔ mit Wasser bedeckt ist).
2. Das Hackfleisch in einer Pfanne mit Olivenöl anbraten.
3. Die Möhren schälen und Frühlingszwiebeln waschen. Anschließend kleinschneiden und ebenfalls in die Pfanne geben. Dann die Gemüsebrühe hinzufügen und das Gemüse für ca. 10 bis 15 Minuten darin köcheln lassen.
4. Wenn der Kohlrabi gar ist, diesen auf einen Teller legen, mit der Gemüse-Hack-Mischung füllen und servieren.

Chicken Nuggets mit Ketchup

Minuten: 25

✔ Low Carb
✔ Paleo

Portionen: 10
(Nuggets)

Zutaten:

Chicken Nuggets

- 350 g Hähnchenbrustfilet
- 40 g gemahlene Mandeln
- 40 g Sesam
- 1 Ei
  (oder Kokosöl)
- 2 EL Olivenöl
- Salz
- Pfeffer

Ketchup

- *Rezept auf S. 138*

Zubereitung:

1. Den Tomatenketchup vorbereiten und kalt stellen.
2. Das Hähnchenbrustfilet in Nugget-große Stücke schneiden. Anschließend mit Salz und Pfeffer würzen.
3. In einer kleinen Schüssel das Ei mit einer Gabel verrühren.
4. In einer anderen kleinen Schüssel die gemahlenen Mandeln und den Sesam vermischen.

5. Die Hähnchenstücke zuerst in die Ei-Mischung und dann in die Mandel-Sesam-Panade tunken.

6. Eine Pfanne mit Olivenöl erhitzen. Die in Schritt 5 hergestellten Nuggets in die heiße Pfanne geben und für ca. 2 bis 3 Minuten von beiden Seiten gut durchbraten.

7. Zusammen mit dem Tomatenketchup auf einem Teller anrichten und servieren.

Tipp: Alternativ können die Nuggets auch im Backofen zubereitet werden. Hierfür ein Backblech mit Backpapier belegen und die Nuggets darauf verteilen. Für ca. 25 Minuten in den vorgeheizten Backofen bei 200 °C (Ober-/Unterhitze) geben.

Als Beilage eignet sich zum Beispiel ein frischer Salat (Rezept auf S. 127) und/oder Ofenkartoffeln (Rezept auf S. 109).

Die Nuggets können direkt verzehrt werden, sind aber ebenso eine perfekte Mahlzeit für unterwegs.

Sesamhähnchen mit Möhrennudeln

Minuten: 20 ✔ Low Carb ✔ Paleo **Portionen: 1**

Zutaten:

- 100 g Hähnchenbrustfilet
- 2 große Möhren
- 70 g frischer Babyspinat
- 1 kleine Zwiebel
- 1 EL Sesamkörner
- 2 EL Olivenöl
- Salz
- Pfeffer

Zubereitung:

1. Das Hähnchen in Stücke und die Zwiebel nach dem Schälen in kleine Würfel schneiden. Die Möhren schälen und mit dem Spiralschneider Nudeln daraus drehen. Den Babyspinat waschen.
2. Olivenöl in einer Pfanne erhitzen und das Fleisch, die Zwiebelstücke und den Sesam hinzufügen und für ca. 3 bis 5 Minuten anbraten, bis das Fleisch rundum gebräunt ist. Aus der Pfanne nehmen und beiseitestellen.
3. Die Möhrennudeln in die Pfanne geben und mit der Hälfte des Spinates bei mittlerer Hitze für ca. 5 Minuten andünsten.
4. Das Fleisch und den restlichen Spinat unter die Möhrennudeln heben und den Inhalt der Pfanne in einer Schale servieren.

Hähnchen und Gemüse aus dem Ofen

Minuten: 15
+ 50 (Backzeit)

✔ Low Carb
✔ Paleo

Portionen: 2

Zutaten:

- 2 Hähnchenschenkel
- ½ rote Paprika
- ½ gelbe Paprika
- ½ Zucchini
- 1 große Tomate
- 6 EL Olivenöl
- Salz
- Pfeffer

Zubereitung:

1. 4 EL Olivenöl in einer kleinen Schüssel mit 1 Prise Salz und Pfeffer vermengen. Die Hähnchenschenkel mit dem Olivenöl rundum marinieren.
2. Die Paprika, Zucchini und Tomate waschen und in grobe Stücke schneiden.
3. 2 EL Olivenöl mit 1 Prise Salz und Pfeffer in eine separate Schale geben und das Gemüse ebenfalls damit marinieren.
4. Die Hähnchenschenkel und das Gemüse in einer Auflaufform verteilen und bei 200 °C (Ober-/Unterhitze) für ca. 50 Minuten backen.
5. Wenn das Hähnchen und Gemüse gar ist, dieses aus dem Ofen nehmen und portionsweise auf einem Teller servieren.

Zucchinibällchen mit Konjakreis

Minuten: 15
+ 30 (Backzeit)

✔ Low Carb
✔ Paleo

Portionen: 20
(Bällchen)

Zutaten:

Zucchinibällchen

- 200 g Zucchini
- 150 g Putenbrustfilet
- 1 Zwiebel
- 30 g Mandelmehl
- 1 Ei
- 1 EL Kräuter
- 1 EL Olivenöl
- Salz
- Pfeffer

Reisbeilage

- 250 g Konjakreis

Soße

- 50 ml Kokosmilch
- 1 TL Currypulver
- Salz
- Pfeffer

Zubereitung:

1. Den Backofen auf 200 °C (Ober-/Unterhitze) vorheizen und ein Backblech mit Backpapier auslegen.
2. Die Zwiebel schälen, in kleine Würfel schneiden und in einer Pfanne mit Olivenöl anbraten und beiseitestellen.
3. Die Zucchini waschen und in einem Zerkleinerer pürieren. Putenbrustfilet in kleine Stücke schneiden und ebenfalls pürieren.

4. Die pürierte Zucchini- sowie Fleisch-Masse zusammen in eine Schüssel geben. Anschließend mit den Zwiebelstücken, dem Mandelmehl sowie den Kräutern mischen und mit Salz und Pfeffer würzen.
5. Das Ei trennen, das Eigelb zu der Gemüse-Fleisch-Mischung geben und das Eiweiß in einer separaten Schüssel steif schlagen. Anschließend das steife Eiweiß ebenfalls unter die Masse heben.
6. 20 kleine Bällchen formen und auf das Backblech legen. Für ca. 30 Minuten in den vorgeheizten Backofen geben.
7. Für die Currysoße die Kokosmilch mit dem Currypulver sowie 1 Prise Salz und Pfeffer in einem kleinen Schälchen mischen. Falls die Kokosmilch etwas klumpig ist, diese kurz erhitzen.
8. Den Konjakreis in einem Sieb unter heißem Wasser abspülen und in einem kleinen Topf mit Salzwasser 2 bis 3 Minuten kochen.
9. Den Konjakreis zusammen mit den Bällchen in einer Schale anrichten, die Soße darüber verteilen und servieren.

Tipp: Der Konjakreis kann ebenso durch Naturreis ersetzt werden (dann ist das Gericht allerdings nicht mehr Low Carb).

Gemüse-Zoodles-Quiche

Minuten: 10
+ 30 (Backzeit)

✔ Low Carb
✔ Paleo

Portionen: 2

Zutaten:

- 4 Eier
- 1 große Möhre
- 1 Zucchini
- 1 kleine Zwiebel
- 100 ml Kokosmilch
- 2 EL Olivenöl
- Salz
- Pfeffer

Zubereitung:

1. Den Backofen auf 180 °C (Ober-/ Unterhitze) vorheizen.
2. Die Zwiebel schälen, in kleine Würfel schneiden und die Möhre und Zucchini mit einem Spiralschneider in Spiralen drehen. Alles zusammen in einer Pfanne mit 1 EL Olivenöl für ca. 5 Minuten andünsten.
3. Die Eier in einer Schüssel leicht aufschlagen. Mit Salz und Pfeffer würzen und die Kokosmilch einrühren.
4. Eine Quicheform mit 1 EL Olivenöl einfetten und die Gemüsenudeln in die Form geben. Dann die Kokosmilch-Eimasse gleichmäßig darüber verteilen. Für ca. 30 Minuten in den Backofen geben, bis die Eimasse gestockt ist.
5. Die fertige Quiche aus dem Ofen nehmen und portionsweise auf einem Teller servieren.

Quiche mit Lachs und Spinat

Minuten: 10
+ 30 (Backzeit)

✔ Low Carb
✔ Paleo

Portionen: 2

Zutaten:

- 5 Eier
- 120 g Lachsfilet
- 100 g frischer Blattspinat
- 1 kleine Zwiebel
- 100 ml Kokosmilch
- 1 EL Zitronensaft
- 2 EL Olivenöl
- Salz
- Pfeffer

Zubereitung:

1. Den Backofen auf 180 °C (Ober-/ Unterhitze) vorheizen.
2. Die Zwiebel schälen, in kleine Würfel schneiden und in einem Topf mit 1 EL Olivenöl für 1 bis 2 Minuten anbraten. Den Spinat waschen und dazugeben und ca. 5 bis 10 Minuten dünsten.
3. Die Eier in einer Schüssel leicht aufschlagen. Mit Salz und Pfeffer würzen und die Kokosmilch einrühren. Den Lachs salzen und in kleine Stücke schneiden.
4. Eine Quicheform mit 1 EL Olivenöl einfetten und den Spinat sowie die Lachsstücke in die Form geben. Dann die Kokosmilch-Eimasse gleichmäßig darüber verteilen. Für ca. 30 Minuten in den Backofen geben, bis die Eimasse gestockt ist.
5. Die fertige Quiche aus dem Ofen nehmen und portionsweise auf einem Teller servieren.

Zucchini-Lasagne

Minuten: 20
+ 25 (Backzeit)

Low Carb

Portionen: 2

Zutaten:

- 150 g Rinderhack
- 2 Möhren
- 1 große Zucchini
- 4 große Tomaten
- 1 Zwiebel
- 200 ml Gemüsebrühe
- 1 EL Tomatenmark
- 100 g geriebener Käse *(laktosefrei)*
- 2 EL Olivenöl

Zubereitung:

1. Den Backofen auf 190 °C (Ober-/ Unterhitze) vorheizen.
2. Die Zwiebel schälen und in kleine Stücke schneiden. Das Olivenöl in einer Pfanne erhitzen und die Zwiebelstücke und das Hackfleisch darin anbraten.
3. Die Möhren schälen, in kleine Würfel schneiden und ebenfalls in die Pfanne geben. Die Tomaten waschen, in Stücke schneiden und dazugeben.
4. Das Tomatenmark und die Gemüsebrühe in die Pfanne geben. Das Ganze nochmal für ca. 5 bis 10 Minuten ziehen lassen.
5. Die Zucchini waschen und längs in Scheiben schneiden.

6. Die Hackfleisch-Soße und Zucchinischeiben abwechselnd in einer Auflaufform zu einer Lasagne schichten.
7. Zum Schluss den Käse darüber streuen und für ca. 25 Minuten in den vorgeheizten Backofen geben.
8. Die fertige Lasagne aus dem Ofen nehmen und portionsweise auf einem Teller servieren.

Tipp: Alternativ zu den Zucchini-Scheiben kann man auch andere Gemüsesorten wie Kohlrabi oder Aubergine als Lasagneplatten verwenden.

Spargel mit Lachs

Minuten: 30

✔ Low Carb
✔ Paleo

Portionen: 1

Zutaten:

Grundlage

- 8 Stangen Spargel
- 150 g Lachsfilet

Soße

- 10 g Ghee
- 1 EL Zitronensaft

Salat

- ½ Gurke
- 2 EL Olivenöl
- 1 TL Dill
- Salz

Zubereitung:

1. Den Backofen auf 190 °C (Ober-/Unterhitze) vorheizen. Den Lachs mit 1 Prise Salz bestreuen und in einer kleinen Auflaufform für ca. 20 bis 25 Minuten in den Backofen geben.
2. Den Spargel schälen, in einen Topf mit kochendem Salzwasser geben und für ca. 10 bis 15 Minuten weich kochen.
3. Für den Salat die Gurke schälen und mit einer Reibe in Scheiben raspeln. In einem kleinen Schälchen aus dem Olivenöl, Dill und 1 Prise Salz ein Dressing mixen. Die Gurke zu dem Dressing in das Schälchen geben und gut miteinander vermischen. Für die Soße Ghee in einem Topf schmelzen und Zitronensaft dazugeben.
4. Den Lachs aus dem Backofen nehmen und mit dem Spargel auf einem Teller anrichten. Die Soße über den Spargel und Lachs gießen und zusammen mit dem Gurkensalat servieren.

Gemüsecurry mit Lachs

Minuten: 30

✔ Low Carb
✔ Paleo

Portionen: 1

Zutaten:

- 150 g Lachsfilet
- 2 Möhren
- 1 kleine Zucchini
- ½ gelbe, grüne und rote Paprika
- 1 Zwiebel
- 200 ml Kokosmilch
- 1 EL Currypulver
- 1 EL Olivenöl
- Salz
- Pfeffer

Zubereitung:

1. Den Backofen auf 190 °C (Ober-/Unterhitze) vorheizen. Den Lachs mit 1 Prise Salz bestreuen und in einer kleinen Auflaufform für ca. 20 bis 25 Minuten in den Backofen geben.
2. Die Zwiebel und Möhren schälen und in Würfel schneiden. Die Zucchini und Paprika waschen und klein schneiden. Das Olivenöl in einer Pfanne erhitzen und das Gemüse hinzugeben. Mit Salz und Pfeffer würzen und für ca. 10 bis 15 Minuten dünsten.
3. Wenn das Gemüse gar ist, die Kokosmilch und das Currypulver hinzugeben und nochmal für 2 bis 3 Minuten köcheln lassen.
4. Den Lachs aus dem Backofen nehmen und zusammen mit dem Gemüse in einer Schale servieren.

Tipp: Dazu passt Konjakreis oder Naturreis. Mit Naturreis ist das Gericht allerdings nicht mehr Low Carb.

Ofengemüse mit Hähnchenbrust

Minuten: 15
+ 25 (Backzeit)

✔ Paleo

Portionen: 1

Zutaten:

- 150 g Hähnchenbrustfilet
- 1 Süßkartoffel
- 1 Zucchini
- 1 EL Pfeilwurzelstärke
- 5 EL Olivenöl
- Salz
- Pfeffer

Zubereitung:

1. Den Backofen auf 200 °C (Ober-/Unterhitze) vorheizen und ein Backblech mit Backpapier auslegen.
2. Die Süßkartoffel schälen, die Zucchini waschen und beides in Stifte schneiden. 3 EL Olivenöl und 1 EL Pfeilwurzelstärke in einem kleinen Schälchen vermischen und das Gemüse damit marinieren. Auf einem Backpapier verteilen und für ca. 25 Minuten in den Backofen geben.
3. Das Hähnchen in Stücke schneiden. In einer Pfanne mit 2 EL Olivenöl anbraten und anschließend mit Salz und Pfeffer würzen.
4. Wenn die Gemüsestifte gar sind, diese aus dem Ofen nehmen, mit Salz und Pfeffer würzen und zusammen mit dem Hähnchen auf einem Teller servieren.

Zucchini-Möhren-Suppe mit Hack

Minuten: 25

✔ Low Carb
✔ Paleo

Portionen: 2

Zutaten:

Suppe

- 2 große Möhren
- 1 Zucchini
- 200 ml Kokosmilch
- 2 TL Gemüsebrühepulver

Hack-Topping

- 50 g Rinderhack
- 1 kleine Zwiebel
- 2 EL Olivenöl
- Salz
- Pfeffer

Zubereitung:

1. Die Möhren schälen, Zucchini waschen und beides in grobe Stücke schneiden. Die Zwiebel ebenfalls schälen und in Würfel schneiden.
2. Die Möhren- und Zucchinistücke in einem Topf mit Wasser und Gemüsebrühepulver für ca. 20 Minuten weich kochen.
3. Für das Hack-Topping die Zwiebelstücke in einer Pfanne mit Olivenöl andünsten. Das Hack hinzugeben und knusprig braten.
4. Das Wasser im Topf abgießen, die Kokosmilch zu dem Gemüse geben und alles mit einem Stabmixer zu einer cremigen Suppe pürieren.
5. Die Suppe in eine Schale füllen, mit dem Hackfleisch garnieren und servieren.

Gemüsebällchen

Minuten: 25
+ 30 (Backzeit)

✔ Low Carb
✔ Paleo

Portionen: 20
(Bällchen)

Zutaten:

Gemüsebällchen

- 2 kleine Möhren
- 1 mittelgroße Zucchini
- 1 Zwiebel
- 3 EL Mandelmehl
- 1 Ei
- 1 EL Olivenöl
- Salz
- Pfeffer

Soße

- 50 ml Kokosmilch
- 1 TL Currypulver
- Salz
- Pfeffer

Zubereitung:

1. Den Backofen auf 200 °C (Ober-/Unterhitze) vorheizen und ein Backblech mit Backpapier auslegen.
2. Die Zwiebel schälen, in kleine Würfel schneiden und in einer Pfanne mit Olivenöl anbraten und beiseite stellen.
3. Die Zucchini waschen, die Möhren schälen und beides mit einer feinen Reibe in eine Schüssel raspeln. Alternativ mit einem Zerkleinerer pürieren.

4. Zu dem geraspelten Gemüse die Zwiebelstücke und das Mehl geben und mit Salz sowie Pfeffer würzen.
5. Das Ei trennen, das Eigelb zu der Gemüsemischung geben und das Eiweiß in einer separaten Schüssel steif schlagen. Anschließend das steife Eiweiß unterheben.
6. 20 kleine Bällchen formen und auf das Backblech legen. Für ca. 30 Minuten in den vorgeheizten Backofen geben.
7. Für die Currysoße die Kokosmilch mit dem Currypulver sowie 1 Prise Salz und Pfeffer in einem kleinen Schälchen mischen. Falls die Kokosmilch etwas klumpig ist, diese kurz erhitzen.
8. Die Bällchen in einer Schale anrichten, die Soße darüber gießen und servieren.

Gyrosteller

Minuten: 15
+ 30-60 (*Ziehzeit*)

✔ Low Carb

Portionen: 1

Zutaten:

Gyros

- 150 g Geschnetzeltes *(Pute oder Hähnchen)*
- 2 EL Olivenöl
- 2 EL Gyrosgewürz

Beilagen

- ¼ Eisbergsalat
- 2 große Tomaten
- ½ rote Zwiebel

Soße

- 2 EL griechischer Joghurt *(laktosefrei)*
- 1 EL Kräuter
- Salz
- Pfeffer

Zubereitung:

1. In einer Schüssel das Olivenöl mit dem Gyrosgewürz vermischen und das Geschnetzelte für 30 bis 60 Minuten darin ziehen lassen.
2. Für die Beilagen den Eisbergsalat und die Tomaten waschen und in Stücke schneiden. Die Zwiebel schälen und in Ringe schneiden.
3. Das Fleisch in eine Pfanne geben und ohne weiteres Fett für ca. 3 bis 5 Minuten anbraten.
4. In einem Schälchen die Joghurtsoße aus den Zutaten mixen.
5. Das Fleisch mit den Beilagen auf einen Teller geben, die Soße darüber verteilen und servieren.

Blumenkohlpüree mit Fleischbällchen

Minuten: 20

✔ Low Carb
✔ Paleo

Portionen: 2
(8 Bällchen)

Zutaten:

Püree

- 1 kleiner Blumenkohl
- 2 TL Gemüsebrühepulver

Bällchen

- 250 g Rinderhack
- 2 EL gemahlene Mandeln
- 1 Ei
- 1 EL Sesam
- 2 EL Olivenöl
- Salz
- Pfeffer

Zubereitung:

1. Den Blumenkohl waschen, den Strunk entfernen und die Röschen klein schneiden. In einen Topf mit kochendem Wasser geben und das Gemüsebrühepulver hinzufügen.
2. Für die Bällchen das Rinderhack mit den gemahlenen Mandeln, dem Ei, dem Sesam und 1 Prise Salz in einer Schüssel vermengen. Aus der Fleischmasse 8 kleine Frikadellen formen und in einer Pfanne mit Olivenöl anbraten.
3. Wenn der Blumenkohl weich ist, 90 % des Wassers abgießen, den Blumenkohl mit einem Stabmixer zu einem Püree verarbeiten und zusammen mit den Bällchen in einer Schale servieren.

Pizzasuppe

Minuten: 25

✔ Low Carb
✔ Paleo

Portionen: 2

Zutaten:

- 150 g Rinderhack
- 5 große Tomaten
- ½ grüne, gelbe und rote Paprika
- ½ kleine Zucchini
- 1 Zwiebel
- 300 ml Gemüsebrühe
- 200 ml Kokosmilch
- 3 EL Olivenöl
- Salz
- Pfeffer

Zubereitung:

1. Die Tomaten waschen und in Stücke schneiden. Die Zwiebel schälen und in Würfel schneiden.
2. In einem Topf die Hälfte der Zwiebelstücke mit 1 EL Olivenöl anbraten. Die Tomaten dazugeben und für ca. 2 bis 3 Minuten bei geringer Hitze köcheln lassen. 200 ml Gemüsebrühe hinzufügen und alles zusammen erneut für ca. 20 Minuten köcheln lassen. Die restlichen 100 ml Brühe nach und nach dazugeben.
3. Während die Tomatenbrühe köchelt, die Paprika und Zucchini waschen und in kleine Würfel schneiden.
4. Das Hack mit den restlichen Zwiebelstücken und 2 EL Olivenöl in einer Pfanne anbraten und das gewürfelte Gemüse hinzugeben. Mit Salz und Pfeffer würzen.

5. Die Kokosmilch zu der Tomatenbrühe aus Schritt 2 geben und anschließend mit einem Stabmixer zu einer Suppe pürieren.
6. Das Gemüse und Hack aus Schritt 3 und 4 unter die cremige Tomatenmasse rühren.
7. Die Suppe in eine Schale füllen und servieren.

Tipp: Wer die Suppe noch etwas würziger mag, kann 2 TL Oregano und 1 EL frischen, gehackten Basilikum beifügen. Champignons schmecken ebenfalls sehr gut in der Suppe.

Möhren-Kartoffel-Eintopf

Minuten: 30

✔ Low Carb
✔ Paleo

Portionen: 2

Zutaten:

- 2 große Möhren
- 50 g Knollensellerie
- 1 kleine Zwiebel
- 20 g Kartoffelfasermehl
- 200 ml Gemüsebrühe
- 2 Geflügel-Bockwürstchen
- 2 EL frische Petersilie *(gewaschen und gehackt)*
- 1 EL Olivenöl

Zubereitung:

1. Die Zwiebel schälen, in kleine Würfel schneiden und in einem Topf mit Olivenöl anbraten.
2. Die Möhren und Zwiebel schälen und das restliche Gemüse waschen. Alles in Würfel schneiden, in den Topf geben und für 2 Minuten andünsten. Die Gemüsebrühe hinzugeben und für ca. 15 bis 20 Minuten bei mittlerer Hitze köcheln lassen.
3. Wenn das Gemüse weich ist, das Kartoffelfasermehl hinzugeben und das Ganze erneut für 5 Minuten köcheln lassen.
4. Die Geflügelwürstchen in Stücke schneiden und in den Topf geben.
5. Den entstandenen Eintopf in eine Schale geben und mit der Petersilie garniert servieren.

Hühner-Gemüse-Suppe

Minuten: 60

✔ Low Carb
✔ Paleo

Portionen: 2

Zutaten:

- 150 g Hähnchenbrustfilet
- 1 Bund Suppengemüse *(zum Würzen der Brühe)*
- 2 Möhren
- 1 Stange Lauch
- 1 L Salzwasser
- 2 EL frische Petersilie *(gewaschen und gehackt)*

Zubereitung:

1. Das Suppengemüse waschen und in grobe Stücke schneiden. In einen Topf mit dem Salzwasser geben. Das Hähnchenfleisch in 2 gleich große Stücke schneiden und ebenfalls in den Topf geben.
2. Die Möhren schälen und in kleine Würfel schneiden. Den Lauch waschen und in Ringe schneiden.
3. Nach ca. 35 Minuten das Suppengemüse aus dem Topf nehmen und das geschnittene Gemüse aus Schritt 2 hinzugeben. Nochmal für ca. 20 bis 25 Minuten kochen.
4. Das Fleisch aus dem Topf nehmen und in Stücke reißen, wieder in den Topf geben und anschließend die Suppe in einer Schale mit frischer Petersilie garniert servieren.

Dönertasche

Minuten: 15
+ 30 (Backzeit)

✔ Low Carb

Portionen: 1
(Dönertasche)

Zutaten:

Tasche

- 50 g Mandelmehl
- 50 g Leinsamenmehl
- 2 EL Flohsamenschalen
- 200 ml Wasser
- ½ TL Natron
- 1 EL Olivenöl *(zum Einfetten)*
- Salz

Füllung

- 2 EL Rotkrautsalat *(Rezept auf S. 126)*
- 3 Blätter Eisbergsalat
- 6 kleine Tomaten
- 20 g Feta *(laktosefrei)*

Soße

- 50 g griech. Joghurt *(laktosefrei)*
- 1 EL Kräuter
- Salz

Zubereitung:

1. Den Rotkrautsalat vorbereiten.
2. Den Backofen auf 150 °C (Umluft) vorheizen. Ein Backblech mit Backpapier auslegen und das Papier mit einem Pinsel mit Olivenöl bestreichen.

3. Alle Zutaten für die Tasche in einer Schüssel vermischen.
4. Den Teig auf dem eingeölten Papier gleichmäßig ausrollen (am besten rund) und für ca. 30 Minuten in den Backofen geben.
5. Den Eisbergsalat und die Tomaten waschen und klein schneiden. Den Feta ebenfalls in kleine Würfel schneiden.
6. Für die Soße den Joghurt mit ein paar Kräutern nach Wahl und 1 Prise Salz in einem kleinen Schälchen vermengen.
7. Wenn der Teig fertig ist, diesen aus dem Backofen nehmen und kurz abkühlen lassen.
8. Den Teig auf einen Teller legen, mit der Joghurtsoße bestreichen und mit den restlichen Zutaten belegen. In der Mitte einmal zusammenklappen und die Dönertasche servieren.

Tipp: Als Füllung eignet sich auch Gyros (Rezept auf S. 96).

Gurken-Lachs-Pfanne

Minuten: 15

✔ Low Carb
✔ Paleo

Portionen: 1

Zutaten:

- 250 g Lachsfilets
- 1 Gurke
- 1 kleine Zwiebel
- 50 ml Gemüsebrühe
- 50 ml Kokosmilch
- 1 EL Dill
- 1 EL Zitronensaft
- 2 EL Olivenöl
- Salz
- Pfeffer

Zubereitung:

1. Die Zwiebel schälen und in Würfel schneiden. Den Lachs in kleine Stücke schneiden. Die Gurke schälen, halbieren und mit einem Löffel die Kerne ausschaben und die Gurkenhälften in Würfel schneiden.
2. Das Olivenöl in einer Pfanne erhitzen, die Zwiebel- und Lachsstücke hinzugeben und anbraten. Mit Salz und Pfeffer würzen. Wenn der Lachs gar ist, die Gurkenstücke hinzugeben und für ca. 1 bis 2 Minuten mit garen lassen.
3. Mit Gemüsebrühe und Kokosmilch übergießen. Den Dill und Zitronensaft hinzugeben und erneut für ca. 2 bis 3 Minuten köcheln lassen.
4. Den Inhalt der Pfanne in eine Schale geben, anrichten und servieren.

Knochenbrühe

Minuten: 10
+ 180 (Kochzeit)

✔ Low Carb
✔ Paleo

Portionen: 1
(Liter)

Zutaten:

- 500 g Markknochen vom Rind
- 1 Möhre
- 1 Bund Suppengemüse
- 1 Zwiebel
- 1,5 bis 2 Liter Wasser
- Salz

Zubereitung:

1. Die Möhre und Zwiebel schälen und in grobe Stücke schneiden. Das Suppengemüse waschen und ebenfalls in grobe Stücke schneiden.
2. Die Knochen in einen großen Topf geben und ohne Fett anrösten. Das vorgeschnittene Gemüse zu den Knochen hinzugeben und alles weiterhin anrösten. Dann das Wasser und 1 TL Salz hinzufügen.
3. Mindestens 180 Minuten bei geringer Hitze köcheln lassen. Nach ca. 120 Minuten das Mark mit einer Gabel aus den Knochen lösen (weiter verwenden und kochen lassen).
4. Die Knochenbrühe durch ein Sieb in einen anderen Topf abgießen. Mit Salz abschmecken und in einer Schale servieren.

Blumenkohl-Pizza

Minuten: 20
+ 35 (Backzeit)

✔ Low Carb
✔ Paleo

Portinen: 1
(Blech)

Zutaten:

Teig

- ½ Blumenkohl
- 2 EL Kokosmehl
- 2 Eier
- 1 TL Oregano
- 3 EL Olivenöl
- Salz

Belag

- 25 g Rucola
- 1 Paprika
- ½ Zucchini

Soße

- 2 große Tomaten
- 1 kleine Zwiebel
- 1 EL Tomatenmark
- 1 TL Oregano
- 1 TL Thymian
- 1 EL Olivenöl
- Salz
- Pfeffer

Zubereitung:

1. Für die Soße die Zwiebel schälen und in kleine Würfel schneiden. Die Tomaten waschen und in Stücke schneiden. In einem kleinen Topf das Olivenöl erhitzen und anschließend die Tomaten sowie Zwiebeln dazugeben. Bei geringer Hitze unter gelegentlichem Rühren für ca. 15 Minuten köcheln lassen, bis die Tomaten zerfallen.

Dann das Tomatenmark, den Thymian, Oregano und 1 Prise Salz sowie Pfeffer hinzufügen.

2. Für den Teig den Blumenkohl waschen und den Strunk entfernen. Die Röschen grob abtrennen und mit einem Zerkleinerer zu Blumenkohlreis verarbeiten. Den Reis zusammen mit den Eiern, dem Kokosmehl, Oregano und 1 Prise Salz in einer Schüssel vermengen.

3. Ein Backblech mit 1 EL Olivenöl bestreichen. Die Blumenkohl-Masse darauf gleichmäßig verteilen. Anschließend den Rand des Teiges mit 2 EL Olivenöl bestreichen und den Teig für ca. 15 Minuten in den Backofen geben, bis er leicht gebräunt ist. Nach der Backzeit den Blumenkohlboden aus dem Backofen nehmen und mit der Tomatensoße bestreichen. Die Zucchini und Paprika waschen, in Stücke schneiden und gleichmäßig auf dem Teig verteilen. Die Pizza wieder in den Backofen schieben und weitere 10 bis 15 Minuten backen.

4. Währenddessen den Rucola waschen.

5. Die Pizza aus dem Backofen nehmen, den Rucola darauf verteilen und portionsweise auf einem Teller servieren.

Bunte Hähnchenspieße

Minuten: 15

✔ Low Carb
✔ Paleo

Portionen: 2
(Spieße)

Zutaten:

- 150 g Hähnchenbrustfilet
- ½ rote Paprika
- ½ gelbe Paprika
- ½ grüne Paprika
- 2 EL Olivenöl
- 1 TL Paprikapulver
- Salz
- Pfeffer

Zubereitung:

1. Das Hähnchenbrustfilet in grobe Stücke schneiden.
2. Die Paprika waschen und ebenfalls in grobe Stücke schneiden.
3. Das Hähnchen und die Paprika abwechselnd auf einem Holzspieß aufspießen und anschließend rundum mit Olivenöl einpinseln. Mit Paprikapulver sowie Salz und Pfeffer würzen.
4. Auf den Grill legen oder in einer Pfanne braten.

Tipp: Mit Tomatenketchup (Rezept auf S. 138) und einem Salat servieren.

Ofen-Kartoffelecken

Minuten: 10
+ 30 (Backzeit)

✔ Paleo

Portionen: 2

Zutaten:

- 2 große Kartoffeln
- 2 EL Olivenöl
- 1 TL Rosmarin
- Salz
- Pfeffer

Zubereitung:

1. Den Backofen auf 200 °C (Ober-/Unterhitze) vorheizen und ein Backblech mit Bachpapier auslegen.
2. Die Kartoffeln schälen und in Spalten schneiden.
3. Die Spalten auf dem Backpapier verteilen und rundum mit Olivenöl einpinseln. Den Rosmarin gleichmäßig über die Kartoffelecken streuen. Für ca. 30 Minuten in den vorgeheizten Backofen geben.
4. Die Kartoffelecken aus dem Backofen nehmen, sobald sie knusprig gebräunt sind. Mit Salz und Pfeffer würzen.

Tipp: Mit Tomatenketchup (Rezept auf S. 138) und einem frischen Salat (Rezept auf S. 128) servieren.

Blumenkohlfalafel mit Sesammöhren

Minuten: 20
+ 30 (Backzeit)

✔ Low Carb
✔ Paleo

Portionen: 2
(15 Falafel)

Zutaten:

Falafel

- ½ Blumenkohl
- 1 Zucchini
- ½ Zwiebel
- 45 g Mandelmehl
- 1 Ei
- 1 EL Kräuter
- Salz
- Pfeffer

Sesammöhren

- 3 Möhren
- ½ Zwiebel
- 2 EL Sesam
- 50 ml Wasser
- 1 EL Olivenöl
- Salz

Zubereitung:

1. Den Backofen auf 180 °C (Ober-/Unterhitze) vorheizen und ein Backblech mit Backpapier auslegen.
2. Den Blumenkohl waschen, den Strunk entfernen und die Röschen abtrennen. Anschließend die Röschen mit einem Zerkleinerer zu Reisgröße verarbeiten. Die Zucchini waschen und die halbe Zwiebel schälen. Beides in grobe Stücke schneiden und ebenfalls in den Zerkleinerer geben.

3. Die zerkleinerte Gemüsemasse mit dem Mandelmehl, den Kräutern und 1 Prise Salz und Pfeffer in eine Schüssel geben und alles gut vermischen. Das Ei trennen, das Eigelb in die Schüssel zu der Gemüsemasse geben und das Eiweiß steif schlagen. Anschließend das Eiweiß unter die Mischung heben.

4. Aus dem entstandenen Falafelteig etwa 15 gleich große Bällchen formen und auf das Backblech legen. Für ca. 30 Minuten in den vorgeheizten Backofen geben.

5. Für die Sesammöhren die Möhren schälen und in Stifte schneiden. Die Zwiebel ebenfalls schälen und in Würfel schneiden. Den Sesam ohne Fett in einer Pfanne für 2 bis 3 Minuten anrösten, herausnehmen und beiseitestellen. Das Olivenöl in die Pfanne geben und die Zwiebelstücke und Möhrenstifte für ca. 5 Minuten bei mittlerer Hitze andünsten. Das Wasser hinzugeben und erneut für 7 bis 10 Minuten köcheln lassen, bis die Möhren gar sind. Den Sesam in die Pfanne geben und alles vermengen.

6. Wenn die Falafel gar sind, diese aus dem Ofen nehmen und zusammen mit den Sesammöhren auf einem Teller anrichten und servieren.

Gemüse-Kartoffel-Gratin

Minuten: 15
+ 30 (Backzeit)

Portionen: 2

Zutaten:

- 2 große Kartoffeln
- 2 Möhren
- 1 kleiner Brokkoli
- 1 kleine Zucchini
- 400 ml Kokosmilch
- 100 g geriebener Käse *(laktosefrei)*
- Salz
- Pfeffer

Zubereitung:

1. Den Backofen auf 200 °C (Ober-/Unterhitze) vorheizen.
2. Die Kartoffeln und Möhren schälen und mit einer Reibe in dünne Scheiben in eine Auflaufform raspeln.
3. Die Zucchini waschen und in Scheiben schneiden. Den Brokkoli waschen, den Strunk entfernen und die Röschen abtrennen. Das Gemüse in die Auflaufform geben, mit Salz und Pfeffer würzen und alles gut miteinander vermengen.
4. Die Kokosmilch über die Masse gießen und den Käse darüber verteilen. Für ca. 30 Minuten in den Backofen geben.
5. Wenn das Gratin fertig gebacken ist, dieses aus dem Ofen nehmen und portionsweise auf einem Teller servieren.

Kartoffel-Puffer mit Apfelmus

Minuten: 15 ✔ Paleo **Portionen: 1**

Zutaten:

Puffer

- 2 große Kartoffeln
- 2 EL Olivenöl
- Salz

Apfelmus

- 1 Granny Smith Apfel
- 100 ml Wasser

Zubereitung:

1. Die Kartoffeln schälen und mit einer groben Reibe in eine Schüssel raspeln. Anschließend ½ TL Salz hinzugeben und 5 Minuten ziehen lassen. Nach der Ziehzeit die Kartoffelmasse in einem Sieb leicht ausdrücken.
2. Für das Apfelmus den Apfel schälen und in Würfel schneiden. Anschließend in einem kleinen Topf mit Wasser für ca. 10 Minuten bei geringer Hitze köcheln lassen, bis die Apfelstücke weich werden. Die Masse mit einem Stabmixer zu einem Mus pürieren.
3. Das Olivenöl in einer Pfanne erhitzen und die Kartoffelmasse hineingeben. Mit dem Pfannenwender leicht andrücken. Mit geschlossenem Deckel ca. 5 Minuten bei mittlerer Hitze anbraten, dann wenden und weitere 5 Minuten braten.
4. Die fertigen Puffer zusammen mit dem Apfelmus auf einem Teller anrichten und servieren.

Wirsing-Lasagne

Minuten: 20
+ 25 (Backzeit)

✔ Low Carb

Portionen: 2

Zutaten:

- ½ Wirsing
- 3 Möhren
- 1 Zucchini
- 1 Zwiebel
- 250 ml Gemüsebrühe
- 75 g geriebener Käse *(laktosefrei)*
- 2 EL Olivenöl
- Salz
- Pfeffer

Zubereitung:

1. Den Wirsing in einzelne Blätter zerlegen und waschen. Die Blätter in einem großen Topf mit etwas kochendem Salzwasser für ca. 3 Minuten dünsten. Anschließend die Blätter aus dem Topf nehmen, abtropfen lassen und beiseite legen.
2. Die Zwiebel schälen und fein hacken. Die Zucchini waschen, die Möhren schälen und beides in kleine Würfel schneiden.
3. In einer Pfanne 1 EL Olivenöl erhitzen, das Gemüse hinzugeben und kurz anbraten. 100 ml Gemüsebrühe hinzufügen und für ca. 5 Minuten dünsten lassen.
4. Den Backofen auf 200 °C (Ober-/Unterhitze) vorheizen.
5. Eine Auflaufform mit 1 EL Olivenöl einfetten. Eine Schicht Wirsingblätter darin verteilen. Darauf eine Schicht der Gemüsemi-

schung geben, anschließend wieder eine Schicht Wirsingblätter. Die restliche Gemüsebrühe darüber gießen und zum Schluss den Käse gleichmäßig auf den Wirsingblättern verteilen.

6. Für ca. 25 Minuten backen, bis der Käse knusprig braun ist.
7. Wenn die Lasagne gar ist, diese aus dem Ofen nehmen und auf einem Teller portionsweise anrichten und servieren.

Tipp: Als Variation kann man zusätzlich geriebene Kartoffelscheiben in die Lasagne geben (dann ist das Gericht allerdings nicht mehr Low Carb).

Puten-Gemüse-Pfanne

Minuten: 25

✔ Low Carb
✔ Paleo

Portionen: 2

Zutaten:

- 150 g Putenbrustfilet
- 1 Möhre
- 1 Zucchini
- 1 rote Paprika
- 1 gelbe Paprika
- 200 ml Kokosmilch
- 3 EL Olivenöl
- Salz
- Pfeffer

Zubereitung:

1. Die Möhre schälen und in Würfel schneiden. Die Zucchini und Paprika waschen und in grobe Stücke schneiden. Das Gemüse in einer Pfanne mit 1 EL Olivenöl bei mittlerer Hitze für ca. 10 bis 15 Minuten andünsten. Mit Salz und Pfeffer würzen.
2. Wenn das Gemüse gar ist, die Kokosmilch hinzugeben und für weitere 2 bis 3 Minuten bei geringer Hitze köcheln lassen.
3. Das Putenfleisch in kleine Streifen schneiden. In einer separaten Pfanne mit 2 EL Olivenöl anbraten.
4. Das Fleisch zu dem Gemüse in die Pfanne geben und alles zusammen in einer Schale servieren.

Tipp: Dazu passen Buchweizennudeln (dann ist das Gericht allerdings nicht mehr Low Carb).

Süßkartoffel-Hack-Auflauf mit Feta

Minuten: 15
+ 30 (Backzeit)

Portionen: 2

Zutaten:

- 250 g Rinderhack
- 1 Süßkartoffel
- 1 Zucchini
- 1 Stange Lauch
- 1 Knoblauchzehe
- 200 ml Gemüsebrühe
- 180 g Feta *(laktosefrei)*
- 2 EL Olivenöl
- Salz
- Pfeffer

Zubereitung:

1. Den Backofen auf 200 °C (Ober-/Unterhitze) vorheizen.
2. Die Süßkartoffel schälen und in Würfel schneiden. Die Zucchini waschen und in Scheiben schneiden. Den Lauch ebenfalls waschen und in Ringe schneiden.
3. Die Knoblauchzehe schälen und fein hacken. Zusammen mit dem Rindfleisch in einer Pfanne mit Olivenöl anbraten. Das Gemüse hinzugeben und für ca. 10 Minuten bei mittlerer Hitze dünsten. Anschließend alles zusammen in eine Auflaufform geben.
4. Fetakäse gleichmäßig über der Auflaufform zerbröseln und den Auflauf für ca. 30 Minuten in den Backofen geben.
5. Die Form aus dem Ofen nehmen und den Inhalt portionsweise auf einem Teller anrichten und servieren.

Gulasch mit Möhren

Minuten: 15
+ 60 (Kochzeit)

✔ Low Carb
✔ Paleo

Portionen: 2

Zutaten:

- 300 g Rindfleisch
- 2 Möhren
- 1 Zwiebel
- 1 Knoblauchzehe
- 300 ml Gemüsebrühe
- 4 EL Paprikapulver
- 1 TL Thymian
- 1 TL Majoran
- 1 EL Olivenöl

Zubereitung:

1. Das Fleisch in Stücke schneiden. Die Zwiebel und den Knoblauch schälen und fein hacken.
2. Die Zwiebel in einem Topf mit Olivenöl anbraten. Knoblauch, Paprikapulver, Thymian und Majoran hinzugeben und mit der Gemüsebrühe ablöschen. Für ca. 45 Minuten bei geringer Hitze köcheln lassen (falls notwendig, noch etwas Gemüsebrühe hinzugeben).
3. Die Möhren schälen und in Würfel schneiden. Nach ca. 45 Minuten Kochzeit die Möhrenstücke ebenfalls in den Topf geben und erneut für ca. 15 bis 20 Minuten köcheln lassen.

Tipp: Mit einer Beilage nach Wahl (z.B. Kartoffeln) servieren.

Spitzkohl-Hack-Pfanne

Minuten: 20

✔ Low Carb
✔ Paleo

Portionen: 2

Zutaten:

- 250 g Rinderhack
- 1 kleiner Spitzkohl
- 300 ml Gemüsebrühe
- 2 EL Paprikapulver
- 2 EL Olivenöl
- Salz
- Pfeffer

Zubereitung:

1. Den Spitzkohl waschen, den Strunk entfernen und in Stücke schneiden.
2. Das Olivenöl in eine Pfanne geben und das Hackfleisch darin anbraten. Anschließend den Spitzkohl und die Gemüsebrühe hinzufügen. Für ca. 10 bis 15 Minuten köcheln lassen, bis der Spitzkohl gar ist.
3. Das Paprikapulver hinzugeben, mit Salz und Pfeffer abschmecken und in einer Schale servieren.

Salate, Snacks & kalte Speisen

Gemüsesticks mit Hummus

Minuten: 30

✔ Low Carb
✔ Paleo

Portionen: 2

Zutaten:

Gemüsesticks

- ½ Gurke
- ½ Paprika
- 1 Möhre

Blumenkohl-Hummus

- *Rezept auf S. 141*

Zubereitung:

1. Den Blumenkohl-Hummus vorbereiten.
2. Die halbe Gurke und die Möhre schälen und in Streifen schneiden.
3. Die Paprika waschen und ebenfalls in Streifen schneiden.
4. Das Gemüse auf einem kleinen Teller anrichten und zusammen mit dem Hummus servieren.

Gazpacho

Minuten: 10 ✔ Low Carb ✔ Paleo **Portionen: 2**

Zutaten:

- 3 große Tomaten
- 1 Stange Sellerie
- ½ Gurke
- 1 grüne Paprika
- 1 rote Paprika
- ½ kleine Zwiebel
- 80 ml Wasser
- 1 EL Zitronensaft
- ½ EL Apfelessig
- Salz
- Pfeffer

Zubereitung:

1. Die halbe Zwiebel sowie Gurke schälen und klein schneiden. Den Sellerie und die Tomaten waschen und ebenfalls klein schneiden. Alles in einem Zerkleinerer zu einer homogenen Masse pürieren.
2. Paprika waschen und ½ grüne sowie ½ rote Paprika in Stücke schneiden und ebenfalls pürieren. Die andere Hälfte der Paprika in Würfel schneiden und zur Seite stellen.
3. Alle pürierten Zutaten vermengen und anschließend Wasser, Zitronensaft, Apfelessig, 1 Prise Salz und Pfeffer hinzugeben. Zum Schluss die entstandene Gazpacho mit den restlichen Paprikastücken garniert servieren.

Gemüsefrikadellen mit Möhrensalat

Minuten: 30

✔ Low Carb
✔ Paleo

Portionen: 2

Zutaten:

Frikadellen

- 200 g Rinderhack
- 1 Möhre
- ½ kleine Zucchini
- ½ kleine Zwiebel
- 1 Ei
- 1 EL frische Petersilie *(gewaschen und grob gehackt)*
- 2 EL Olivenöl
- Salz
- Pfeffer

Möhrensalat

- 1 Möhre
- 1 Granny Smith Apfel
- 1 TL Zitronensaft
- 1 EL Olivenöl
- Salz

Zubereitung:

1. Die halbe Zwiebel schälen und in kleine Würfel schneiden.
2. Für die Frikadellen die Möhre schälen, die Zucchini waschen und beides mit einer feinen Reibe in eine Schüssel raspeln. Die gehackte Petersilie ebenfalls in die Schüssel geben.

3. Das Rinderhack, Ei und die gewürfelte Zwiebel zu der Gemüsemasse in die Schüssel geben, mit Salz und Pfeffer würzen und alles gut durchkneten.
4. Aus dem entstandenen Teig Frikadellen formen und in einer Pfanne mit dem Olivenöl anbraten. Bei mittlerer Hitze von beiden Seiten gar braten.
5. Die Möhre für den Salat schälen und mit einer groben Reibe raspeln, den Apfel ebenfalls schälen und raspeln. Beides in einem kleinen Schälchen miteinander vermischen und den Zitronensaft, Olivenöl und 1 Prise Salz hinzufügen.
6. Die Frikadellen zusammen mit dem Möhrensalat auf einem Teller anrichten und servieren.

Rotkrautsalat

Minuten: 15
+ 30 (Ziehzeit)

✔ Low Carb
✔ Paleo

Portionen: 1

Zutaten:

- ¼ kleiner Rotkohl
- 1 EL Apfelessig
- 1 EL Olivenöl
- Salz
- Pfeffer

Zubereitung:

1. Den Rotkohl putzen und mit einer Reibe in feine Streifen hobeln.
2. In eine Schüssel geben, ½ TL Salz darüber streuen und mit den Händen ca. 5 Minuten kräftig durchkneten, bis der Rotkohl anfängt, Flüssigkeit abzugeben.
3. Apfelessig, Olivenöl und 1 Prise Pfeffer hinzufügen. Für mindestens 30 Minuten ziehen lassen.
4. Sofort servieren oder kühl stellen.

Tipp: Je länger der Salat zieht, desto besser wird er.

Grüner Salat mit Walnüssen

Minuten: 5

✔ Low Carb
✔ Paleo

Portionen: 2

Zutaten:

- 1 kleiner Romanasalat
- 20 g Rucola
  (etwa eine Handvoll)
- ¼ Gurke
- 2 EL Walnüsse
- 3 EL Olivenöl
- 1 EL Salatkräuter
- Salz

Zubereitung:

1. Den Romanasalat waschen, in Stücke schneiden und in eine Salatschale geben. Den Rucola ebenfalls waschen und hinzugeben.
2. Die Gurke waschen und in kleine Stücke schneiden. Zu dem Salat in die Schüssel geben.
3. Aus den Salatkräutern, dem Olivenöl und 1 Prise Salz in einem Schälchen ein Dressing mixen und über dem Salat verteilen.
4. Den grünen Salat mit Walnüssen garnieren und servieren.

Feldsalat mit Hähnchen

Minuten: 10

✔ Low Carb
✔ Paleo

Portionen: 1

Zutaten:

- 150 g Hähnchenbrustfilet
- 100 g Feldsalat
- 6 Cherrytomaten
- ½ Paprika
- 1 Zwiebel
- ½ Mozzarella *(laktosefrei)*
- 4 EL Olivenöl
- 1 EL Kürbiskernöl
- 1 EL Salatkräuter
- Salz
- Pfeffer

Zubereitung:

1. Den Feldsalat waschen und putzen. Die Cherrytomaten und Paprika ebenfalls waschen und in Stücke schneiden. Den Mozzarella in Stücke schneiden. Alles in eine Schale geben.
2. Das Hähnchenbrustfilet in Stücke schneiden. Die Zwiebel schälen und in Würfel schneiden. Beides zusammen in einer Pfanne mit 2 EL Olivenöl knusprig anbraten. Mit Salz und Pfeffer würzen.
3. Aus 2 EL Olivenöl, Kürbiskernöl, 1 Prise Salz und Salatkräutern in einem Schälchen ein Dressing mixen.
4. Das Dressing und Hähnchen über den Salat geben und servieren.

Feldsalat mit gebratenem Gemüse

Minuten: 10

✔ Low Carb
✔ Paleo

Portionen: 1

Zutaten:

- 100 g Feldsalat
- 1 kleine Paprika
- 1 kleine Zucchini
- 1 kleine Zwiebel
- Vinaigrette
  (Rezept auf S. 139)
- 1 EL Olivenöl
- Salz
- Pfeffer

Zubereitung:

1. Den Feldsalat waschen, putzen und in eine Salatschale geben.
2. Die Paprika und Zucchini waschen und in grobe Stücke schneiden. Die Zwiebel schälen und in Würfel schneiden.
3. Das Gemüse in einer Pfanne mit Olivenöl gar dünsten und mit Salz und Pfeffer würzen.
4. Die Vinaigrette vorbereiten. Zusammen mit dem Gemüse über den Salat geben und servieren.

Tipp: Der Salat lässt sich mit der Zugabe von Kernen oder Nüssen nach Wahl zusätzlich variieren.

Brokkolisalat

Minuten: 15 ✔ Low Carb **Portionen: 1**

Zutaten:

- ½ Brokkoli
- 1 Frühlingszwiebel
- 8 Cocktailtomaten
- 1 EL frische Petersilie *(gewaschen und grob gehackt)*
- 20 g Feta *(laktosefrei)*
- 4 EL Olivenöl
- Salz
- Pfeffer

Zubereitung:

1. Den Brokkoli waschen, Röschen abtrennen und diese in einem Topf mit etwas Salzwasser für ca. 5 Minuten köcheln lassen, sodass der Brokkoli noch bissfest bleibt.
2. Die Frühlingszwiebel waschen und in Ringe schneiden. Die Tomaten waschen und ebenso wie den Feta in Würfel schneiden. Alles in eine Schale geben und mit dem abgekühltem Brokkoli vermengen.
3. Für das Dressing das Olivenöl mit der Petersilie sowie 1 Prise Salz und Pfeffer in einem kleinen Schälchen mischen und anschließend über den Salat geben. Alles gut vermengen und servieren.

Quinoasalat mit Brokkoli und Feta

Minuten: 20 **Portionen: 1**

Zutaten:

- 100 g Quinoanudeln
  (oder 50 g weiße Quinoa)
- 1 kleiner Brokkoli
- 80 g Feta
  (laktosefrei)
- 1 EL Mandelblättchen
- 1 EL Olivenöl
- Salz
- Pfeffer

Zubereitung:

1. Die Quinoanudeln in einen kleinen Topf mit kochendem Salzwasser geben und für ca. 3 bis 5 Minuten weich kochen. Alternativ: Quinoa im Sieb mit warmem Wasser gründlich abspülen und anschließend in einen Topf für ca. 15 Minuten weich kochen.
2. Den Brokkoli waschen, Strunk entfernen, die Röschen klein schneiden und für ca. 10 bis 15 Minuten in einem Topf mit kochendem Wasser weich kochen.
3. Die Quinoanudeln und Brokkoli in eine Schale geben und das Olivenöl, Feta und Mandelblättchen darüber verteilen. Mit Salz und Pfeffer abschmecken und servieren.

Gemüsewaffeln

Minuten: 10
+ 20 (Backzeit)

Paleo

Portionen: 3
(Waffeln)

Zutaten:

- 1 große Kartoffel
- 1 kleine Zucchini
- 1 Möhre
- 3 EL Mandelmehl
- 1 Ei
- 2 EL Mandelmilch
- 1 EL frische Petersilie *(gewaschen und grob gehackt)*
- Salz
- Pfeffer

Zubereitung:

1. Den Backofen auf 180 °C (Ober-/Unterhitze) vorheizen.
2. Die Kartoffel und Möhre schälen und mit einer groben Reibe in eine Schüssel raspeln. Die Zucchini waschen und ebenfalls grob in die Schüssel reiben. Mit ½ TL Salz und einer Prise Pfeffer würzen. Dann die Gemüsemasse in ein Sieb geben und die Flüssigkeit ausdrücken.
3. Die restlichen Zutaten untermengen und anschließend die Masse in eine ofenfeste Waffelform geben. Für ca. 15 bis 20 Minuten in den vorgeheizten Backofen geben.

Tipp: Mit Apfelmus oder einem Joghurt-Kräuter-Dip servieren. Alternativ kann für die Zubereitung auch ein Waffeleisen verwendet werden.

Reissalat mit Hähnchencurry

Minuten: 30

Portionen: 1

Zutaten:

- 80 g Naturreis
- 125 g Hähnchenbrustfilet
- 1 Paprika
- 1 kleine Zwiebel
- 100 ml Kokosmilch
- 1 TL Currypulver
- 2 EL Olivenöl
- Salz
- Pfeffer

Zubereitung:

1. Den Reis in einen Topf mit kochendem Salzwasser geben und nach Angabe gar kochen lassen.
2. Das Fleisch in Stücke schneiden. Die Zwiebel schälen und ebenfalls klein schneiden. Die Paprika waschen und in Würfel schneiden.
3. Das Olivenöl in einer Pfanne erhitzen und die Zwiebelstücke und das Fleisch darin anbraten. Anschließend die Paprika, Kokosmilch und das Currypulver hinzugeben und für ca. 5 bis 10 Minuten dünsten. Mit Pfeffer und Salz würzen.
4. Wenn der Reis gar ist, das Wasser abgießen, die Gemüse-Fleisch-Mischung unter den Reis heben und in einer Schale servieren.

Samen-Knäckebrot

Minuten: 20
+ 20 (Backzeit)

✔ Low Carb
✔ Paleo

Portionen: 3

Zutaten:

- 5 EL geschrotete Leinsamen
- 2 EL Chiasamen
- 2 EL Sonnenblumenkerne
- 2 EL Sesamsamen
- 2 EL Kürbiskerne
- 1 Ei
- 4 EL lauwarmes Wasser
- ¼ TL Salz

Zubereitung:

1. Den Backofen auf 180 °C (Umluft) vorheizen. Ein Backblech mit Backpapier auslegen.
2. Alle Zutaten in einer Schüssel gut vermengen und ca. 15 Minuten quellen lassen.
3. Die Masse auf das Backpapier geben und gleichmäßig flach drücken. Für ca. 20 Minuten in den Backofen geben.
4. Wenn das Knäckebrot schön knusprig ist, dieses aus dem Ofen nehmen und entweder sofort servieren oder nach dem Abkühlen in einer Papiertüte für den späteren Verzehr aufbewahren.

Kartoffelcracker

Minuten: 10
+ 60 (Backzeit)

✔ Low Carb
✔ Paleo

Portionen: 2

Zutaten:

- 20 g Kartoffelfasern
- 20 g Mandelmehl
- ½ TL Flohsamenschalenmehl
- 2 Eiweiße
- 50 g Ghee
- Salz
- Pfeffer

Zubereitung:

1. Den Backofen auf 120 °C (Ober-/Unterhitze) vorheizen.
2. Kartoffelfasern, Mandelmehl, Flohsamenschalenmehl, Eiweiße, Ghee sowie ½ TL Salz und eine Prise Pfeffer in einer Schüssel vermengen.
3. Den Teig auf ein Backpapier legen, ein anderes Backpapier darauf legen und den Teig dünn ausrollen.
4. Das obere Backpapier abziehen und den Teig mit einem Messer in Rechtecke schneiden. Das Backpapier auf ein Backblech legen für ca. 60 Minuten in den vorgeheizten Backofen geben.
5. Wenn die Cracker fertig gebacken sind, diese aus dem Ofen nehmen und vor dem Verzehr abkühlen lassen.

Soßen & Dips

Tomatenketchup

Minuten: 25

✔ Low Carb
✔ Paleo

Portionen: 1 *(Schälchen)*

Zutaten:

- 2 große Tomaten
- 1 kleine Zwiebel
- ½ EL Tomatenmark
- 2 EL Apfelessig
- 1 EL Olivenöl
- Salz
- Pfeffer

Zubereitung:

1. Die Zwiebel schälen, in kleine Würfel schneiden und in einem Topf mit Olivenöl andünsten.
2. Die Tomaten waschen, in Stücke schneiden und zusammen mit dem Apfelessig zu den Zwiebeln in den Topf geben. Das Tomatenmark und 1 Prise Salz sowie Pfeffer hinzufügen.
3. Für ca. 20 Minuten bei geringer Hitze köcheln lassen. Regelmäßig umrühren, da die Tomatenmasse schnell anbrennt. Danach mit einem Stabmixer oder Zerkleinerer pürieren.
4. In ein Schälchen füllen und sofort servieren oder kalt stellen.

Vinaigrette

Minuten: 2

✔ Low Carb
✔ Paleo

Portionen: 1
(Schälchen)

Zutaten:

- 4 EL Olivenöl
- 2 EL Apfelessig
- 2 TL Zitronensaft
- ¼ TL Honig
- Salz
- Pfeffer

Zubereitung:

1. Olivenöl, Apfelessig, Zitronensaft und Honig in ein Schälchen geben und zu einem Dressing verquirlen.
2. Mit Salz und Pfeffer würzen.
3. Die fertige Vinaigrette sofort servieren oder kalt stellen.

Falsches Joghurtdressing

Minuten: 15

✔ Low Carb
✔ Paleo

Portionen: 1
(Schälchen)

Zutaten:

- 1 Ei
- 1 Knoblauchzehe
- 30 g blanchierte Mandeln
- 2 EL Sonnenblumenkerne
- 120 ml Wasser
- 1 TL Zitronensaft
- 1 TL Honig
- 1 EL Salatkräuter
- Salz

Zubereitung:

1. Das Ei in kochendem Wasser hart kochen, abschrecken und pellen.
2. Die Knoblauchzehe schälen und mit dem Ei, den blanchierten Mandeln, Sonnenblumenkernen, Zitronensaft, Honig, 1 Prise Salz, Salatkräutern und dem Wasser in einem Zerkleinerer zu einer Paste pürieren.
3. In ein Schälchen füllen und sofort servieren oder kalt stellen.

Blumenkohl-Hummus

Minuten: 25

✔ Low Carb
✔ Paleo

Portionen: 2
(Schälchen)

Zutaten:

- ½ Blumenkohl
- 1 EL Tahin (Sesammus)
- 20 ml Olivenöl
- 1 TL Zitronensaft
- Salz
- Pfeffer

Zubereitung:

1. Den halben Blumenkohl waschen, den Strunk entfernen und die Röschen abtrennen. Diese in einen Topf mit kochendem Wasser geben und für ca. 15 bis 20 Minuten weich kochen.
2. Wenn der Blumenkohl gar ist, das Wasser abtropfen und den Blumenkohl kurz abkühlen lassen. Anschließend in eine Schüssel geben.
3. Sesammus, Olivenöl, Zitronensaft und 1 Prise Salz und Pfeffer zu dem Blumenkohl in die Schüssel geben und mit einem Stabmixer zu einer cremigen Masse pürieren.
4. In ein Schälchen geben und sofort servieren oder kalt stellen.

Tipp: Passt perfekt als Dip zu Rohkost.

Spinat-Walnuss-Pesto

Minuten: 5

✔ Low Carb
✔ Paleo

Portionen: 1 *(Schälchen)*

Zutaten:

- 40 g frischer Babyspinat
- 20 g Walnüsse
- 2 EL Olivenöl
- 1 TL Zitronensaft
- Salz
- Pfeffer

Zubereitung:

1. Den Babyspinat waschen und trocken tupfen.
2. Den Spinat zusammen mit den Walnüssen, dem Olivenöl, Zitronensaft, 1 Prise Salz und Pfeffer in einem Zerkleinerer pürieren.
3. In ein Schälchen geben und sofort servieren oder kalt stellen.

Tipp: Dazu passen Nudeln – glutenfreie und gesündere Alternativen zu den klassischen Weizennudeln sind zum Beispiel Nudeln aus Gemüse, Buchweizen, Quinoa oder Vollkornreis.

Basilikum-Pesto

Minuten: 5

✔ Low Carb
✔ Paleo

Portionen: 1
(Schälchen)

Zutaten:

- 1 Strauch frische Basilikumblätter
- 2 EL Pinienkerne
- 1 kleine Knoblauchzehe
- 3 EL Olivenöl
- Salz

Zubereitung:

1. Die Basilikumblätter vom Strauch abzupfen und waschen.
2. Die Knoblauchzehe schälen und fein hacken.
3. Die Blätter zusammen mit den Pinienkernen, dem Knoblauch, Olivenöl und 1 Prise Salz in einen Zerkleinerer geben und zu einem Pesto pürieren.
4. In ein Schälchen geben und sofort servieren oder kalt stellen.

Tipp: Dazu passen zum Beispiel Quinoanudeln oder andere glutenfreie Nudeln.

Zucchini-Pesto

Minuten: 10

✔ Low Carb
✔ Paleo

Portionen: 1
(Schälchen)

Zutaten:

- 125 g Zucchini
- 1 Knoblauchzehe
- 25 g geschälte Mandeln
- 5 EL Olivenöl
- Salz
- Pfeffer

Zubereitung:

1. Die Knoblauchzehe schälen und fein hacken. Die Zucchini waschen und mit einer groben Reibe raspeln.
2. 1 EL Olivenöl in einer Pfanne erhitzen. Die Zucchini zusammen mit dem Knoblauch für ca. 4 Minuten andünsten. Mit Salz und Pfeffer würzen.
3. Die Zucchini-Masse zusammen mit den Mandeln und 4 EL Olivenöl in einen Zerkleinerer geben und zu einem Pesto pürieren.
4. In ein Schälchen geben und sofort servieren oder kalt stellen.

Tipp: Dazu passen z.B. Quinoanudeln oder andere glutenfreie Nudeln.

Möhren-Pesto

Minuten: 10 ✔ Low Carb **Portionen: 1** *(Schälchen)*

Zutaten:

- 2 Möhren
- 1 Knoblauchzehe
- 20 g Feta *(laktosefrei)*
- 25 g Pinienkerne
- 5 EL Olivenöl
- 20 ml Wasser
- Salz

Zubereitung:

1. Die Knoblauchzehe schälen und fein hacken. Die Möhren schälen und mit einer groben Reibe raspeln.
2. Die Möhren und den Knoblauch mit 1 EL Olivenöl und dem Wasser in einer kleinen Pfanne ca. 5 Minuten andünsten, bis die Möhren weich werden.
3. Die gedünsteten Möhren zusammen mit den Pinienkernen, Feta, 4 EL Olivenöl und 1 Prise Salz in einem Zerkleinerer zu einem Pesto pürieren.
4. In ein Schälchen geben und sofort servieren oder kalt stellen.

Tipp: Dazu passen z.B. Quinoanudeln oder andere glutenfreie Nudeln.

Süßes & Desserts

Erdmandel-Cookie-Dough

Minuten: 2

Paleo

Portionen: 1 *(Schälchen)*

Zutaten:

- 1 EL Mandelmus
- 1 TL Haselnussmus
- 1 EL gemahlene Erdmandeln
- 2 EL Mandelmilch
- ½ TL Kokosblütenzucker
- 1 TL Kakaonips

Zubereitung:

1. Mandelmus, Haselnussmus, Mandelmilch und den Kokosblütenzucker in einem kleinen Schälchen verrühren.
2. Die gemahlenen Erdmandeln unterrühren.
3. Zum Schluss mit Kakaonips garnieren und servieren.

Schokoladenmousse

Minuten: 5
+ 30 (Kühlzeit)

✔ Low Carb

Portionen: 1
(Schälchen)

Zutaten:

- 100 g griechischer Joghurt *(laktosefrei)*
- 1 TL Mandelproteinpulver
- 1 TL Kokosöl *(geschmolzen)*
- 1 TL Honig *(flüssig)*
- 1 TL Kakaopulver
- ½ TL gemahlene Vanille
- 1 TL Kakaonips

Zubereitung:

1. Den Joghurt in ein kleines Schälchen füllen und das geschmolzene Kokosöl unterrühren. Proteinpulver, Kakaopulver, gemahlene Vanille und Honig beimengen.
2. Für mindestens 30 Minuten in den Kühlschrank stellen und vor dem Verzehr mit Kakaonips garnieren.

Kokos-Bällchen

Minuten: 5
+ 60 (Kühlzeit)

✔ Low Carb
✔ Paleo

Portionen: 5
(Bällchen)

Zutaten:

- 4 EL Kokosraspeln
- 2 EL Mandelproteinpulver *(oder Mandelmehl)*
- 5 ganze Mandeln
- 4 EL Kokosmilch
- 1 TL Honig *(flüssig)*

Zubereitung:

1. 2 EL Kokosraspeln, Mandelproteinpulver, Kokosmilch und den Honig in einer Schüssel vermischen.
2. Mit angefeuchteten Händen 5 gleich große Bällchen aus dem Teig formen und je eine Mandel in die Mitte drücken.
3. Anschließend die Bällchen in einem kleinen Schälchen mit 2 EL Kokosraspeln wälzen und rundum damit marinieren.
4. Vor dem Verzehr für ca. 60 Minuten in den Kühlschrank stellen.

Schoko-Kokos-Bällchen

Minuten: 5

✔ Low Carb
✔ Paleo

Portionen: 9 *(Bällchen)*

Zutaten:

- 4 EL gemahlene Mandeln
- 5 EL Kokosraspeln
- 1 EL Chiasamen
- 1 EL Kakaopulver
- 4 EL Mandelmus *(braun)*
- 1 TL Honig *(flüssig)*

Zubereitung:

1. Die gemahlenen Mandeln, 2 EL Kokosraspeln, die Chiasamen und das Kakaopulver in einer Schüssel vermengen.
2. Das Mandelmus und den Honig unterrühren.
3. Aus der Masse mit angefeuchteten Händen 9 kleine Bällchen formen. Diese anschließend in einem kleinen Schälchen mit 3 EL Kokosraspeln wälzen und rundum damit marinieren.
4. Die Bällchen kühl stellen oder sofort servieren.

Apfelkuchen

Minuten: 15
+ 25 (Backzeit)

✔ Low Carb
✔ Paleo

Portionen: 1
(Kuchen)

Zutaten:

- 3 Granny Smith Äpfel
- 50 g gemahlene Mandeln
- 50 g Kokosmehl
- 3 Eier
- 80 ml Kokosmilch
- 3 EL Honig *(flüssig)*
- 1 TL Weinsteinbackpulver
- 2 EL Zimt
- 1 TL Kokosöl *(zum Einfetten)*

Zubereitung:

1. Den Backofen auf 180 °C (Ober-/Unterhitze) vorheizen.
2. Eine Kuchenform mit Kokosöl einfetten.
3. Die Äpfel schälen und in dünne Scheiben schneiden. Gleichmäßig auf dem Boden der Kuchenform verteilen.
4. Gemahlene Mandeln, Kokosmehl, Eier, Kokosmilch, 1 EL Zimt, Backpulver und Honig zu einem Teig vermischen.
5. Den Teig gleichmäßig über die Äpfel in der Form verteilen. Anschließend 1 EL Zimt darüber streuen.
6. Für ca. 25 Minuten in den vorgeheizten Backofen geben.
7. Wenn der Kuchen fertig gebacken ist, diesen aus dem Ofen nehmen und vor dem Verzehr auskühlen lassen.

Schoko-Nuss-Crossies

Minuten: 5
+ 30 (Kühlzeit)

✔ Low Carb
✔ Paleo

Portionen: 8
(Crossies)

Zutaten:

- 100 g gehackte Haselnüsse
- 100 g gehackte Mandeln
- 50 g gemahlene Mandeln
- 2 EL Mandelmus *(braun)*
- 3 EL Kokosöl
- 2 EL Honig
- 3 EL Kakaopulver

Zubereitung:

1. Mandelmus, Kokosöl und Honig bei geringer Hitze in einem Topf schmelzen.
2. Die gehackten Haselnüsse, gehackten und gemahlenen Mandeln und das Kakaopulver unterrühren.
3. Aus der Masse 8 kleine Crossies formen und vor dem Verzehr für mindestens 30 Minuten im Kühlschrank aushärten lassen.

Zitronenkuchen

Minuten: 10
+ 45 (Backzeit)

✔ Low Carb
✔ Paleo

Portionen: 1
(Kuchen)

Zutaten:

Boden

- 200 g gemahlene Mandeln
- 1 EL Kokosmehl
- 2 EL Flohsamenschalenmehl
- 50 g Ghee
- 2 Eier
- 1 EL Honig *(flüssig)*
- 1 TL Kokosöl *(zum Einfetten)*

Füllung

- 120 ml Zitronensaft
- 70 ml Kokosmilch
- 4 Eier
- 1 EL Honig
- Abrieb von 1 Zitrone
- 1 TL gemahlene Vanille

Zubereitung:

1. Den Backofen auf 180 °C (Ober-/Unterhitze) vorheizen.
2. Für den Boden Eier, Ghee und Honig in einer Schüssel miteinander verquirlen.
3. Anschließend die gemahlenen Mandeln, das Kokosmehl und das Flohsamenschalenmehl hinzugeben und alles zu einem glatten Teig rühren.

4. Eine Kuchenform gleichmäßig mit Kokosöl einfetten und anschließend den Teig in die Form drücken (sollte ca. ½ cm dick sein).
5. Den Teig an ein paar Stellen mit der Gabel anstechen und für ca. 15 Minuten in den Backofen geben.
6. Für die Füllung alle Zutaten miteinander vermengen, sodass eine gleichmäßige Masse entsteht.
7. Den Teig für die Füllung ebenfalls in die Form gießen und für weitere 30 Minuten in den Backofen geben.
8. Wenn der Kuchen fertig gebacken ist, diesen aus dem Ofen nehmen und auskühlen lassen. Vor dem Verzehr für mindestens 60 Minuten im Kühlschrank kalt stellen.

Tipp: Wer es noch etwas süßer mag, kann mehr Vanille und/oder Honig verwenden.

Beerensorbet

Minuten: 2

✔ Low Carb
✔ Paleo

Portionen: 1
(Schälchen)

Zutaten:

- 120 g gefrorene Beeren
  (nach Wahl)
- 120 ml Mandelmilch
- 1 TL Honig

Zubereitung:

1. Alle Zutaten in einem Zerkleinerer oder mit einem Stabmixer zu einer cremigen Masse pürieren.
2. Das entstandene Beerensorbet in ein kleines Schälchen füllen und servieren oder kalt stellen und später genießen.

Beerenjoghurt

Minuten: 2

✔ Low Carb
✔ Paleo

Portionen: 1
(Schälchen)

Zutaten:

- 2 EL Beeren *(nach Wahl)*
- 4 EL Kokosjoghurt
- 2 TL Mandelmus
- 40 ml Mandelmilch
- 1 TL Honig

Zubereitung:

1. Alle Zutaten in einem Zerkleinerer oder mit einem Stabmixer zu einer cremigen Masse pürieren.
2. Den Beerenjoghurt in ein kleines Schälchen füllen und servieren oder kalt stellen und später genießen.

Heidelbeerkuchen

Minuten: 20
+ 40 (Backzeit)

✔ Low Carb
✔ Paleo

Portionen: 1
(Kuchen)

Zutaten:

- 200 g Heidelbeeren
- 150 g gemahlene Mandeln
- 50 g Mandelmehl
- 50 g Kokosmehl
- 3 Eier
- 140 ml Mandelmilch
- 25 g Kokosöl *(geschmolzen)*
- 50 g Kokosblütenzucker
- 1 TL Weinsteinbackpulver
- Abrieb von ½ Zitrone
- 1 TL gemahlene Vanille
- 1 TL Kokosöl *(zum Einfetten)*
- 1 Prise Salz

Zubereitung:

1. Den Backofen auf 170 °C (Ober-/Unterhitze) vorheizen.
2. In einer Schüssel gemahlene Mandeln, Mandelmehl, Kokosmehl, Backpulver, Kokosblütenzucker, Zitronenschale, Vanille und Salz miteinander vermengen.
3. In einer separaten Schüssel die Eier schaumig schlagen und dann die Mandelmilch und das geschmolzene Kokosöl unterrühren.
4. Die trockenen Zutaten aus Schritt 2 nach und nach zu der Eier-Mischung geben. Die Heidelbeeren ebenfalls vorsichtig unterheben.

5. Eine Kuchenform mit Kokosöl einfetten und den Teig in die Form füllen. Für ca. 40 Minuten in den Backofen geben.
6. Wenn der Kuchen fertig gebacken ist, diesen aus dem Ofen nehmen und vor dem Verzehr auskühlen lassen.

Tipp: Der Kuchen lässt sich durch die Zugabe einer anderen Beerensorte wie z.B. Himbeeren variieren.

Süßkartoffel-Brownies

Minuten: 15
+ 30 (Backzeit)

✔ Paleo

Portionen: 6
(Brownies)

Zutaten:

Brownies

- 300 g Süßkartoffel
- 2 EL Kokosmehl
- 2 Eier
- 60 g Kokosöl *(geschmolzen)*
- 4 EL Honig
- 5 EL Kakaopulver
- 1 TL Weinsteinbackpulver
- 1 TL Kokosöl *(zum Einfetten)*

Glasur

- 2 EL Kokosöl *(geschmolzen)*
- 1 EL Mandelmehl
- 1 TL Honig
- 1 EL Kakaopulver

Zubereitung:

1. Den Backofen auf 180 °C (Ober-/Unterhitze) vorheizen.
2. Die Süßkartoffel schälen, in grobe Stücke schneiden und anschließend mit einer feinen Reibe raspeln. Die zerkleinerte Süßkartoffel in eine Schüssel geben.
3. Alle weiteren Zutaten zu der Süßkartoffel in die Schüssel geben und alles zu einem Teig vermengen.

4. Eine rechteckige Kuchenform mit Kokosöl einfetten, den Teig in die Form füllen und glatt streichen. Für ca. 30 Minuten in den Backofen geben.

5. Wenn der Brownie-Teig abgekühlt ist, die Zutaten für die Glasur in einer kleinen Schale vermengen und den gebackenen Teig damit glasieren. Im Kühlschrank auskühlen lassen, bis die Glasur hart ist.

6. Aus dem Teig 6 kleine Brownies schneiden und servieren.

Apfel-Crumble mit Vanillesoße

Minuten: 10
+ 25 (Backzeit)

✔ Low Carb
✔ Paleo

Portionen: 2
(Schälchen)

Zutaten:

Apfelboden

- 1 Granny Smith Apfel
- 1 TL Zimt

Streusel

- 20 g gemahlene Mandeln
- 10 g gehackte Haselnüsse
- 10 g Kokosmehl
- 2 TL Ghee

Vanillesoße

- 1 Eigelb
- 50 ml Kokosmilch
- ½ TL gemahlene Vanille
- 1 TL Honig

Zubereitung:

1. Den Backofen auf 200 °C (Ober-/Unterhitze) vorheizen.
2. Die Zutaten für die Streusel in einer kleinen Schüssel miteinander vermengen und für ca. 5 bis 10 Minuten in den Kühlschrank stellen.
3. Den Apfel schälen und in kleine Stücke schneiden. Die Apfelstücke in einer kleinen Auflaufform (oder 2 Förmchen) auf dem Boden

verteilen und den Zimt und die Streusel darüber geben. Für ca. 20 bis 25 Minuten in den Backofen geben.

4. Für die Vanillesoße die Kokosmilch in einem Topf erhitzen und die Vanille hinzugeben. Unter ständigem Rühren aufkochen lassen. Anschließend den Honig und das Eigelb unterrühren, alles nochmal für 1 bis 2 Minuten bei geringer Hitze köcheln lassen und dann den Topf von der Herdplatte nehmen.

5. Die Form bzw. Förmchen aus dem Backofen nehmen, kurz abkühlen lassen, die noch warme Vanillesoße darüber gießen und servieren.

Blumenkohl-Milchreis

Minuten: 20

✔ Low Carb
✔ Paleo

Portionen: 1
(Schälchen)

Zutaten:

Milchreis

- 125 g Blumenkohl
- 1 EL Kokosraspeln
- 100 ml Kokosmilch
- 2 TL Zimt
- ½ TL gemahlene Vanille
- 1 EL Kokosblütenzucker

Topping

- 1 EL Sauerkirschen
- 1 TL Zimt

Zubereitung:

1. Den Blumenkohl waschen, Blätter und Strunk entfernen und die Röschen mit einem Zerkleinerer zu Reisgröße verarbeiten.
2. Den Blumenkohlreis in einem Topf mit der Kokosmilch und den Kokosraspeln unter Rühren aufkochen und für ca. 10 Minuten bei geringer Hitze köcheln lassen.
3. Den Topf vom Herd nehmen und den Zimt, Kokosblütenzucker sowie die Vanille unterrühren.
4. Den Milchreis in ein Schälchen geben, mit Sauerkirschen sowie Zimt garnieren und noch warm servieren.

Kokos-Riegel mit Schokoladenhülle

Minuten: 10
+ 60 (Kühlzeit)

Paleo

Portionen: 10
(Riegel)

Zutaten:

- 200 g dunkle Schokolade *(mit Kokosblütenzucker gesüßt)*
- 200 g Kokosraspeln
- 200 ml Kokosmilch
- 60 g Kokosöl
- 2 EL Kokosblütenzucker
- 2 EL Kokosraspeln *(zum Bestreuen)*

Zubereitung:

1. Die Kokosraspeln, Kokosmilch, das Kokosöl und den Kokosblütenzucker in eine Schüssel geben und zu einem Teig kneten. Aus der Masse 10 kleine Riegel formen und für ca. 60 Minuten einfrieren.
2. Die Schokolade in einer Schüssel über dem heißen Wasserbad schmelzen. Die Riegel in die Schokoladenflüssigkeit eintauchen und auf ein mit Backpapier belegtes Blech legen. Anschließend mit Kokosraspeln bestreuen und trocknen lassen.
3. Die Kokos-Riegel bis zum Verzehr im Kühlschrank lagern oder direkt genießen.

XL-Cookies

Minuten: 10
+ 12-15 (Backzeit)

✔ Paleo

Portionen: 2
(Cookies)

Zutaten:

- 60 g Kastanienmehl
- 10 g Erdmandelmehl
- 40 g Ghee
- 30 g Mandelmus
- 6 EL Mandelmilch
- 2 EL Leinsamen
- 6 EL Wasser
- 3 EL Kakaonips
- 2 EL Honig *(flüssig)*

Zubereitung:

1. Den Backofen auf 180 °C (Ober-/Unterhitze) vorheizen und ein Backblech mit Backpapier auslegen.
2. Die Leinsamen zusammen mit dem Wasser in einem kleinen Schälchen quellen lassen.
3. Kastanienmehl, Erdmandelmehl, Ghee, Mandelmus, Mandelmilch, 2 EL Kakaonips und Honig in einer Schüssel vermischen und anschließend die gequollenen Leinsamen unterheben.
4. Den Teig mit angefeuchteten Händen zu 2 Cookies formen und auf das Backpapier legen. Mit 1 EL Kakaonips garnieren und für ca. 12 bis 15 Minuten in den Backofen geben.
5. Vor dem Verzehr gut auskühlen lassen, da sie im warmen Zustand noch sehr weich und brüchig sind.

Tipp: Anstatt des Kastanienmehls kann auch ein anderes glutenfreies Mehl wie z.B. Teffmehl verwendet werden.

Zudem lassen sich mit leichten Abwandlungen verschiedene Sorten Cookies aus dem Rezept kreieren, z.B. durch die Zugabe von Kakaopulver (extra schokoladige Kekse) oder geriebene Orangen- oder Zitronenschalen (für eine fruchtige Note). Hier lohnt es sich, kreativ zu sein und durch die Zugabe der einen oder anderen besonderen Zutat verschiedene Geschmackshighlights zu entwerfen.

Gebrannte Mandeln

Minuten: 15

✔ Low Carb
✔ Paleo

Portionen: 2

Zutaten:

- 150 g Mandeln
- 1 TL Wasser
- 1 TL Kokosöl
- 1 TL Honig
- ½ TL Zimt
- 1 Prise gemahlene Nelken
- 1 Prise Salz

Zubereitung:

1. Den Backofen auf 180 °C (Ober-/Unterhitze) vorheizen.
2. Die Mandeln auf einem mit Backpapier ausgelegtem Backblech für 10 Minuten in den vorgeheizten Backofen geben.
3. Den Zimt, die gemahlenen Nelken und das Salz in einem Schälchen vermischen und beiseitestellen.
4. In einem kleinem Topf Wasser, Kokosöl und Honig bei geringer Hitze erwärmen. Dann die Mandeln hinzugeben und mit der Masse marinieren.
5. Die Mandeln auf dem Backpapier verteilen und mit der Gewürzmischung bestreuen. Für weitere 5 Minuten in den Backofen geben.
6. Noch warm servieren oder nach dem Abkühlen für den späteren Verzehr in einer Papiertüte aufbewahren.

Spekulatius-Keksteig-Creme

Minuten: 2 Paleo **Portionen: 1** *(Schälchen)*

Zutaten:

Keksteig-Creme

- 1 EL Mandelmus
- 2 EL Erdmandelmehl
- 1 EL Mandelmilch
- 1 TL Honig
- 1 TL Spekulatiusgewürz

Topping

- 1 TL Mandelsplitter

Zubereitung:

1. Das Mandelmus, Erdmandelmehl, Spekulatiusgewürz und den Honig in einem kleinen Schälchen miteinander verrühren.
2. Die Mandelmilch unterrühren.
3. Zum Schluss mit Mandelsplittern garnieren und servieren.

Tipp: Wer es noch etwas cremiger mag, kann in Schritt 2 noch ein bisschen mehr Mandelmilch hinzugeben.

Mandel-Butter-Cups

Minuten: 10
+ 60 (Abkühlzeit)

✔ Paleo

Portionen: 6
(Cups)

Zutaten:

Schokoladencreme

- 60 ml Kokosöl
- 35 g Kakaopulver
- 1,5 EL Honig
- 1 Prise Salz

Mandelfüllung

- 125 g Mandelmus *(braun)*
- 1 EL Kokosöl
- 2 EL Honig

Zubereitung:

1. Für die Schokoladencreme das Kokosöl in einen kleinen Topf geben und auf bei geringer Hitze zum Schmelzen bringen. Den Topf vom Herd nehmen, Honig, Kakaopulver und Salz unterrühren.
2. Für die Füllung in einem zweiten Topf das Kokosöl schmelzen. Anschließend das Mandelmus und den Honig unterrühren.
3. Die Hälfte der Schokoladencreme auf 6 Muffinförmchen verteilen (jede Form sollte maximal ⅓ gefüllt sein). Kurz abkühlen lassen, bis die Schokolade etwas fester ist. Die Mandelfüllung ebenfalls portionsweise in die Förmchen geben. Zum Schluss den Rest von der Schokoladencreme auf die Förmchen verteilen.
4. Zum Festwerden für mindestens 60 Minuten in den Kühlschrank stellen.

5. Die abgekühlten Cups vorsichtig aus der Form lösen und servieren.

Tipp: Als zusätzliche Variation kann für die Füllung auch ein anderes Nussmus wie z.B. Haselnussmus verwendet werden.

Wer den Cups einen weihnachtlichen Geschmack verpassen möchte, kann bei Schritt 2 noch 1 TL Zimt und 1 TL Lebkuchengewürz hinzufügen.

Kokos-Schoko-Pudding

Minuten: 10
+ 60 (Abkühlzeit)

✔ Paleo

Portionen: 1
(Schälchen)

Zutaten:

Pudding

- 125 ml Kokosmilch
- 7 g Kakaopulver
- 8 g Kartoffelstärke
- 10 g Kokosblütenzucker

Topping

- 1 TL Kakaonips
- 1 TL Kokosraspeln

Zubereitung:

1. Die Kokosmilch in einen Topf geben. Die Kartoffelstärke, den Kokosblütenzucker und das Kakaopulver in ein kleines Schälchen geben und vermischen.
2. Die Mischung in die noch kalte Kokosmilch einrühren.
3. Die Kokos-Schoko-Milch unter Rühren zum Kochen bringen, kurz aufkochen lassen und anschließend in Dessertgläser füllen.
4. Zum Auskühlen für mindestens 60 Minuten in den Kühlschrank stellen und vor dem Servieren mit Kakaonips und Kokosraspeln garnieren.

Heiße Schokolade

⏲ **Minuten: 5**

✔ Low Carb
✔ Paleo

Portionen: 1
(große Tasse)

Zutaten:

- 150 ml Kokosmilch
- 100 ml Mandelmilch
- 1,5 EL Kakaopulver
- 1-2 TL Honig

Zubereitung:

1. Die Mandelmilch und Kokosmilch in einen kleinen Topf geben.
2. Den Kakao mit in den Topf geben und alles bei mittlerer Hitze erwärmen.
3. Zum Schluss den Honig unterrühren.
4. Wenn die heiße Schokoladenmilch warm ist, diese in eine große Tasse füllen und servieren.

Goldene Milch

Minuten: 5

✔ Low Carb
✔ Paleo

Portionen: 1 *(große Tasse)*

Zutaten:

- 150 ml Kokosmilch
- 100 ml Mandelmilch
- 5 g Ingwer
- 1-2 TL Honig
- 1 TL Zimt
- ½ TL Kurkumapulver
- 1 Prise gemahlene Vanille

Zubereitung:

1. Die Mandelmilch und Kokosmilch in einen kleinen Topf geben.
2. Das Ingwerstück schälen und mit in den Topf geben. Die Milch bei mittlerer Hitze erwärmen.
3. Kurkuma, Zimt, Vanille und Honig unterrühren.
4. Wenn die Milch warm ist, den Ingwer herausnehmen und die fertige Milch in eine große Tasse füllen und servieren.

Hier kannst du dir Fotos zu jedem Rezept herunterladen:

www.studienscheiss.de/bonus-alles-ohne-kochbuch

Nachwort

Infos zum Buch

Das Alles-ohne-Kochbuch ist ein modernes Kochbuch für kombinierte Lebensmittelunverträglichkeiten und perfekt für alle Menschen, die sich gesund ernähren wollen. Dieses Buch verbindet Ernährungswissen mit leckeren Rezepten und hilft allen, die mit Magen-Darm-Problemen zu kämpfen haben. Alle Gerichte aus diesem Buch sind glutenfrei, laktosefrei und zuckerfrei. Mit über 100 Low Carb- und Paleo-Rezepten ist das Kochbuch zudem eine gute Grundlage für alle, die sich grundsätzlich gesünder ernähren möchten.

Dieses Rezeptebuch ist kein typisches Kochbuch, vollgestopft mit Hochglanzfotos und unverständlicher Theorie – es ist eine Sammlung leckerer Rezepte, die jede Person einfach nachkochen kann. Das Layout des Buches wurde dabei bewusst minimalistisch gehalten; auf unnötige Ausführungen und Exkurse wurde verzichtet. Stattdessen stehen die Rezepte mit klaren Anleitungen im Fokus – denn mehr braucht es nicht für ein leckeres verträgliches Gericht.

Aber das ist noch nicht alles: Dieses Buch wurde von unserem kleinen Studienscheiss-Verlag fair und hochwertig produziert. Wir arbeiten mit regionalen Designerinnen sowie Lektoren zusammen und lassen unsere Hardcover-Bücher komplett in Deutschland herstellen. Alle an der Produktionskette beteiligten Partner werden von uns fair behandelt – und fair bezahlt. Allesamt kleine und mittelständische Unternehmen, die mit Herzblut bei der Sache sind und mit denen wir ein gemeinsames Ziel verfolgen: hochwertige Produkte zu erzeugen, die unsere Leserinnen und Leser glücklich machen.

Unsere Bücher entstehen unter nachhaltigen Bedingungen, schonen die Umwelt und fördern die regionale Wirtschaft. Und genau das unterstützt du, wenn du dir dieses Buch zugelegt hast.

High five dafür!

Über die Autorin

Lisa Schubert, Jahrgang 1991, arbeitet als digitale Kommunikations-Managerin und Autorin. Seit mehreren Jahren beschäftigt sie sich mit gesunder Ernährung, da sie selbst mit Unverträglichkeiten und Magen-Darm-Problemen zu kämpfen hatte. Auf ihrem Weg hat sie sich ein profundes Wissen über Ernährung angeeignet und viele verschiedene Richtungen ausprobiert.

In dem vorliegenden Kochbuch fasst sie ihre Erfahrungen zusammen, verbindet Theorie mit Praxis und stellt ihr persönliches Ernährungskonzept vor. Die von ihr erarbeiteten Rezepte sollen all denjenigen helfen, die unter ähnlichen Problemen leiden. Ihr Buch bietet die Möglichkeit, sich trotz Einschränkungen gesund, lecker und abwechslungsreich ernähren zu können.

Das ist Lisa

Dankeschön

Ohne die Hilfe anderer Menschen hätte ich dieses Buch nicht schreiben und veröffentlichen können. Alleine wäre mir das nicht gelungen. Daher möchte ich die Gelegenheit nutzen und mich von ganzem Herzen bedanken.

Am meisten danke ich meinen Leserinnen und Lesern, die mich seit Jahren unterstützen und mit großem Interesse meine Texte lesen. Dank eurem Feedback und Support habe ich mich dazu entschlossen, dieses Buch zu schreiben. Danke für eure Unterstützung.

Ein sehr großes Dankeschön geht an Tim Reichel, der mir die Veröffentlichung meines ersten Kochbuchs überhaupt erst ermöglicht hat. Danke für deine professionelle Unterstützung und dein unermüdliches Engagement während der letzten Wochen.

Außerdem danke ich Hannah Dautzenberg und Sara Dörwald für das Korrekturlesen und die vielen hilfreichen Anmerkungen, die dem Buch den nötigen Feinschliff verpasst haben.

Ein großes Dankeschön geht zudem an meinen Freund, meine Freunde und meine Familie, die mich bei dem Projekt jederzeit unterstützt und mir mit Rat und Tat zur Seite gestanden haben.

Euch allen danke ich von ganzem Herzen.

Lisa Schubert, Dezember 2020

Hol dir hier dein Bonusmaterial mit den Fotos ab:

www.studienscheiss.de/bonus-alles-ohne-kochbuch

Printed in Germany
by Amazon Distribution
GmbH, Leipzig

24490702R00104